Barcelona design guide

Guía de Barcelona
a cargo de
Juliet Pomés Leiz
y Ricardo Feriche
Dibujos de
Juliet Pomés Leiz

A guide to Barcelona
compiled by
Juliet Pomés Leiz
and Ricardo Feriche
Drawings by
Juliet Pomés Leiz

GG

Editorial Gustavo Gili, S. A.

08029 Barcelona Rosellón, 87-89. Tel. 322 81 61
28006 Madrid Alcántara, 21. Tel. 401 17 02

Coordinación:
Districte
con la colaboración de
Elisabeth Cabrero, Lluís Fernández,
Iván Danot, Edith Zipperich,
Rosa López

Itinerarios arquitectónicos:
Octavio Mestre

Versión inglesa:
Graham Thomson

Diseño cubierta:
Lanzagorta/Coma

Coordination:
Districte
with contributions by:
Elisabeth Cabrero, Lluís Fernández,
Iván Danot, Edith Zipperich,
Rosa López

Architectural itineraries:
Octavio Mestre

English translation:
Graham Thomson

Cover Design:
Lanzagorta/Coma

Es prácticamente imposible evitar errores y omisiones en una guía de este tipo. Agradeceremos por lo tanto todas aquellas correcciones y consejos destinados a mejorar futuras ediciones. No podemos, de todos modos, asumir responsabilidad alguna sobre las consecuencias derivadas del uso de esta guía y de la información contenida en ella.

No guidebook can ever be completely up to date and without errors. The publisher will be glad to receive any corrections and suggestions for improvement, which can be incorporated in the next edition. We cannot accept any consequences arising from the use of the book, or from the information contained herein.

ISBN: 84-252-1447-5
Depósito Legal: B. 39.364-1990
Type set: Tecfa®, S. A. - Barcelona
Printed in Spain by Gráficas 92, S. A.

ÍNDICE CONTENTS

NOTA DE LOS AUTORES
AUTHORS' NOTE

Esta guía va dirigida a arquitectos, diseñadores y simpatizantes del tema en general. La selección de lugares que aquí aparece se basa en el interés que desde la perspectiva del diseño tiene cada uno de ellos. No obstante, hemos contemplado otros aspectos fuera del ámbito estricto del «design» que a menudo le confieren el verdadero carisma a un sitio. Para entendernos, hemos tratado de reunir estos lugares —parques, restaurantes, tiendas, bares, etc.— a los que nosotros llevaríamos a un muy amigo nuestro de visita en Barcelona.

La guía se divide en tres partes principales. La primera la componen una serie de itinerarios arquitectónicos por la ciudad que incluyen las últimas obras realizadas con motivo de los JJ.OO. de 1992. La segunda parte recoge los restaurantes, bares, galerías de arte, lugares de ocio y tiendas de interés. Y por último, la tercera es una pequeña guía para el profesional, con direcciones útiles de información sobre algunos diseñadores y arquitectos de la Barcelona del momento. Finalmente, algunos de ellos dan sus consejos particulares acerca de lo que debería ser visto en nuestra ciudad.

Dos mapas facilitan la localización de los lugares de interés arquitectónico y otro, los restaurantes, bares y locales nocturnos que se comentan en la guía.

This guide is intended for architects, designers, and for anyone who has some interest in design matters. The choice of places mentioned here was based primarily on their interest in design terms, although we have, nevertheless, responded to other factors not strictly limited to pure «design», which often constitute a place's real atmosphere and charisma. In other words, we have tried to put together a guide to all those places —parks, restaurants, shops, bars, and so on— where we would take a friend who came to visit Barcelona.

The guide is divided into three main sections. The first consists of a series of architectural itineraries of the city, taking in the latest work being done for the 1992 Olympic Games. The second section deals with restaurants, bars, art galleries, shops and other leisure amenities of interest. Finally, the third section is a brief guide for the design professional, with useful addresses and information on a number of the key designers and architects currently working in Barcelona. The guide concludes with personal recommendations by several of these as to what ought not to be missed on a visit to our city.

Two separate maps make it easy for the visitor to locate, on the one hand, the places of architectural interest, and on the other, the restaurants, bars, and nightspots featured in the guide.

TELÉFONOS ÚTILES
USEFUL TELEPHONE NUMBERS

302 33 33	Ambulancias Ambulances
300 20 20	Cruz Roja Red Cross
329 77 66	Municipal City Council
230 70 00	Médicos de urgencia Emergency doctors
010	Barcelona Información Barcelona Information Service
092	Policía municipal City police
091	Policía nacional National police
322 11 00	Guardia Civil
410 25 94	Oficina de Turismo (Estación de Sants) Tourist offices (Sants railway station)
325 58 29	(Aeropuerto) (Airport)
301 74 43	(Gran Via de les Corts Catalanes)
322 41 42	Ferrocarriles (Estación de Sants) Rail travel information (Sants railway station)
301 39 93	Líneas aéreas Air travel information
094	Información meteorológica Meteorological information
204 22 47	Información de carreteras Traffic information
302 42 00	Ayuntamiento City Council
301 39 23	Objetos perdidos Lost property
300 38 11 / 330 08 04 386 50 00	Radio Taxi
318 38 31	Correos Post office
322 20 00	Telegramas por teléfono Telephone telegram service
080	Bomberos Fire Brigade

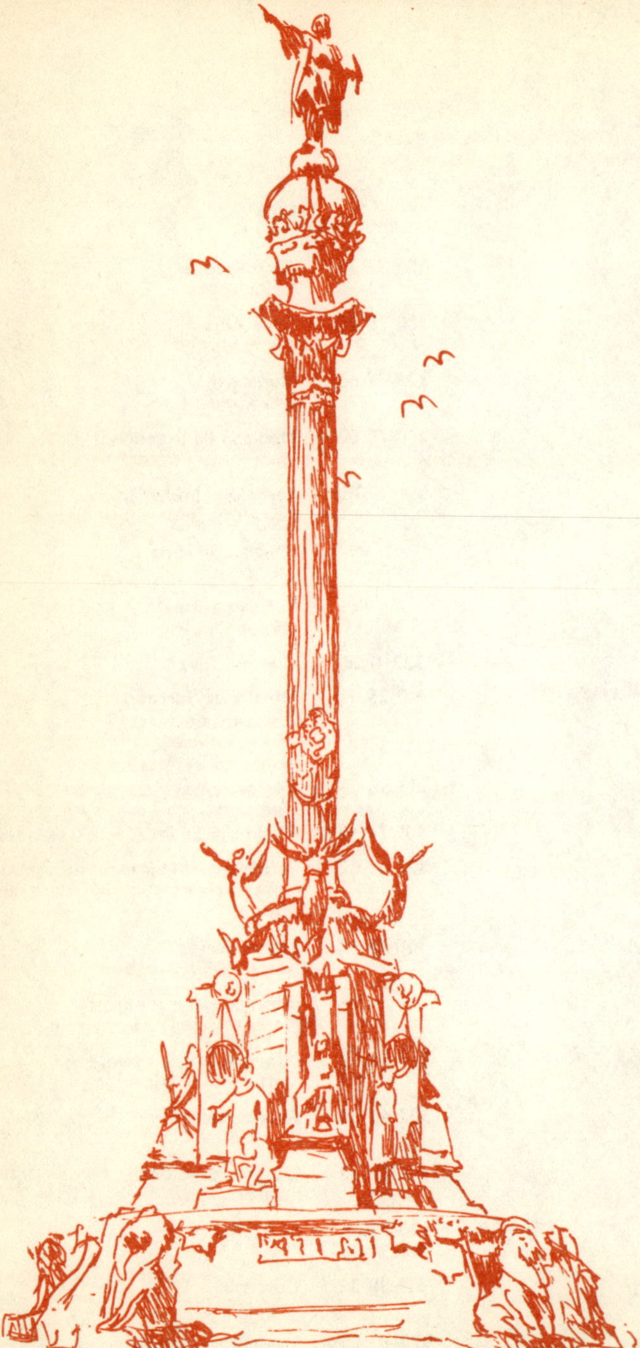

ITINERARIOS ARQUITECTÓNICOS
ARCHITECTURAL ITINERARIES

I — DESDE LA CATEDRAL AL HOSPITAL ANTITUBERCULOSO

Durante los siglos XIV-XV Barcelona vivió uno de sus momentos cumbres al controlar las rutas comerciales con Oriente. Este hecho favoreció el florecimiento de la economía nacional. En sólo dos siglos Barcelona construyó sus dos últimas murallas en torno a su primitivo núcleo romano: la primera hasta la Rambla, por aquel entonces «riera», y la segunda para englobar el barrio del Raval en el que se establecieron diversas instituciones religiosas.
La **catedral** (1) será la pieza organizadora de toda ciudad gótica y proponemos, por tanto, empezar con ella la visita. Construida en su mayoría durante el siglo XIV consta de tres naves de altura similar que dan al conjunto una sensación de espacio único muy distinta a la que produce el gótico de los países del norte.
La Plaça Sant Jaume se configuró en 1824, sobre el punto central del primitivo castro romano, cuando una ley obligó a trasladar los cementerios existentes fuera del recinto amurallado. Tal circunstancia se aprovechó para construir la fachada neoclásica del Ajuntament. Aún se conserva sin embargo, en la fachada lateral, la que fuera puerta principal del edificio gótico y el magnífico **Saló de Cent** (2), sede del primer «parlamento» catalán, con su cubierta plana envigada sobre arcos fajones. Enfrente, el **Palau de la Generalitat** (3) guarda en su interior el patio de los naranjos. Ambos son magníficas muestras de la influencia de la arquitectura árabe en el gótico cata-

I — FROM THE CATHEDRAL TO THE HOSPITAL FOR TUBERCULOSIS PATIENTS

The 14th and 15th centuries were one of the periods of Barcelona's greatest importance, coinciding with the city's control of the trade routes to the Orient, a fact which stimulated the expansion of the national economy. In only two centuries Barcelona built the last two walls around her primitive Roman nucleus: the first running as far as the Rambla, at that time a watercourse, and the second encircling the Raval district, in which a number of religious houses had been established.
The **cathedral** (1) is inevitably the organizing element in any gothic city, and we therefore propose to start our visit there. Built in the main during the 14th century, it has three naves, all of more or less the same height, which gives the whole a sense of being a single space, quite different from the effect produced by gothic cathedrals in northern Europe.
The Plaça Sant Jaume was laid out in 1824 on top of the central point of the original Roman fort, when a law made it necessary to move all cemeteries outside of the walled city. This circumstance provided the opportunity to construct the neoclassical facade of the Ajuntament, the city hall. However, the main entrance to the gothic building is still to be seen on the side facade, and the **Saló de Cent** (2) has also been conserved, the seat of the first Catalan «parliament», with its flat beamed roof over slender arched windows. Opposite the Ajuntament is the **Palau de la Generali-**

lán, tras la conquista de los reinos de Mallorca y Valencia a manos de Jaume I. Desviándonos a un lado encontramos la **Plaça del Rei** (4) en donde se halla el Palau Reial Major del que forman parte el Saló del Tinell y la capilla de Santa Agueda.

Si seguimos nuestro recorrido por Ferran, calle que se abrió a la manera de lo que Haussman hiciera en París para desventrar el abigarrado casco histórico, llegaremos a la **Plaça Reial** (5) —plaza porticada a usanza de las antiguas plazas mayores—, que ocupa el lugar de un antiguo convento. Otra plaza, la de Sant Josep, ocupada hoy por el **Mercado de la Boqueria** (6), tiene ese mismo origen. Antes de descender Rambla abajo, acerquémonos al palacio que Antoni Gaudí construyera para los Güell en **Nou de la Rambla n.º 3** (7) y que hoy alberga el Museu del Teatre.

Llegando a **Colón** (8), uno de los monumentos más emblemáticos de la ciudad, hallaremos el antiguo **convento de Santa Mònica** (9), convertido recientemente en centro de exposiciones temporales con el objetivo de revitalizar la parte baja de la Rambla. Detrás asoman las **Drassanes** (10), lugar donde se construyeran los barcos de la marina real durante los siglos XIII y XIV y cuya impresionante sucesión de naves es un claro precedente de la arquitectura fabril del siglo XIX.

La visita puede continuarse recorriendo el **Moll de la Fusta** (11), el antiguo puerto recientemente remodelado que se constituye, de esta manera, en la primera fachada recuperada al mar. Por allí pasa ya el cinturón del litoral que debe servir de enlace entre la futura Villa Olímpica y el Anillo construido en Montjuïc. También puede visitarse la **Plaça de la Mercè** (12), situada enfrente de la iglesia barroca del mismo nombre. La plaza se creó en 1981, tras la demolición del bloque de viviendas que ocupaba el lugar, según la política del Ayuntamiento de potenciar la creación de multitud de nuevos espacios.

Al otro lado del puerto se halla la Barceloneta, barrio construido en el siglo XVIII cuando los recién llegados Borbones destruyeron la zona de la Ribera y se vieron en la necesidad de realojar a la población que se quedó sin vivienda. Tras la reciente demolición de los vie-

tat (3), guarding in its interior its courtyard of orange trees. Both of these buildings are magnificent examples of the influence of Moorish architecture on Catalan gothic, as a result of the conquest of the kingdoms of Mallorca and Valencia by King Jaume I. A few steps from the Palau we come to the **Plaça del Rei** (4), in which we find the Palau Reial Major, of which the Saló del Tinell, and the Santa Agueda chapel are important parts.

Continuing our itinerary along Ferran, a street opened in the same way as Haussman was doing in Paris, to impose some order to the heterogeneity of the historic centre, we come to the **Plaça Reial** (5), a porticoed square in the style of the old main town square, on the site of a former convent. Another square, the Plaça Sant Josep, now occupied by the **Boqueria food market** (6), has a similar origin. Before making our way down the Rambla, we might pass by the palace built by Antoni Gaudí for the Güell family at **Nou de la Rambla, 3** (7), and which now houses the Museu del Teatre.

As we approach the **statue of Columbus** (8), one of the city's most emblematic monuments, we find on our right the **old convent of Santa Mònica** (9), recently converted to become a centre for temporary exhibitions with the aim of revitalizing the lower part of the Rambla. The **Drassanes** (10) rise up behind it, the shipyards in which the vessels of the royal fleet were built in the 13th and 14th centuries, whose impressive series of workshops is a clear predecessor of the factory architecture of the 19th century.

The itinerary continues along the **Moll de la Fusta** (11), the newly remodelled old port which now constitutes the first stretch of maritime facade to be recovered. The coast road already passes along here, ready to link the future Olimpic Village with the Olympic Ring being built on Montjuïc. The visitor might also wish to see the **Plaça de la Mercè** (12), in front of the baroque church of the same name. The square was created in 1981 with the demolition of the block of houses which previously occupied the site, as part of the city council's policy of promoting the creation of a large number

jos tinglados del Passeig Nacional se tiene una imagen hasta ahora inédita del perfil urbano de la ciudad histórica. Las **viviendas de la Maquinista** de MBM (13), así como el edificio de Coderch —**en el n.º 48 del citado paseo** (14)— merecen una visita. Los nuevos monarcas levantaron, además, una ciudadela militar que siempre fue vista como un símbolo de la opresión central y que, al demolerse por petición popular, daría lugar a los terrenos del parque que serían sede de la Exposición Universal de 1888. En él se hallan edificios de importancia como el **restaurante de la Exposición** (15) —obra de Domènech i Montaner, hoy Museu de Zoología—, el **Umbracle** (16), el Hivernacle, el **Museu d'Art Modern** (17) y el Parlament de Catalunya.

Si volvemos sobre nuestros pasos nos encontramos con el antiguo **Mercado del Born** (18). Al fondo, **Santa Maria del Mar** (19), una de las más sobrias e impresionantes muestras del gótico catalán remata la vista. A sus pies nace **el carrer de Montcada** (20) que fuera sede de la burguesía de los siglos XIV al XVII. La casa Berenguer d'Aguilar —hoy **Museu Picasso** (21)—, la Casa Cervelló —hoy **Galeria Maeght** (22)— o los palacios Dalmases y del Marquès de Lleó, sedes del Omnium Cultural y Museu Tèxtil i de la Indumentària, respectivamente, responden a la tipología del gótico civil catalán en el que, tras el vestíbulo,

Museu Picasso

of new open spaces.

On the other side of the harbour is the Barceloneta, a residential district constructed in the 18th century when the newly installed Bourbons, after destroying the Ribera area, found it necessary to rehouse the people they had left homeless. Since the recent demolition of the old dockside warehouses on the Passeig Nacional the view of the skyline of the historic city can be seen as never before. The **Maquinista housing** development by MBM (13), and the building by Coderch at **n.º 48 of the same Passeig** (14), are both worth a visit. The monarchs also constructed a military citadel, which was viewed from the start as a symbol of oppression from the centre; when this was dismantled as a result of a petition by the citizens it made way for the parkland which was later to accomodate the Universal Exposition of 1888. The park includes such buildings of importance as the **Exposition Restaurant** (15) —the work of Domènech i Montaner, and now the Museu de Zoologia—, the **Umbracle** (16), the Hivernacle, the **Museu d'Art Modern** (17) and the Parlament de Catalunya.

Turning back on our tracks we come to the old **Born market** (18). In the background the church of **Santa Maria del Mar** (19), one of the soberest and most impressive examples of Catalan gothic, crowns the scene. **Montcada street** (20) begins at the foot of the church, enclave of the city's burghers from the 14th to the 17th centuries. The Berenguer d'Aguilar house, today the **Museu Picasso** (21); the Cervelló house, now the **Galeria Maeght** (22); and the palaces of the Dalmases or the Marquès de Lleó, which now house the Omnium Cultural and the Museu Tèxtil i de la Indumentària, respectively, all correspond to the typology of Catalan civil gothic in which, beyond the entrance hall, an open courtyard gives access to the main stairway.

The visit might be completed by coming out onto the Vía Laietana —a thoroughfare cut through the Casc Antic to link the Eixample with the commercial port at the beginning of this century— from which there is a marvellous view of the 3rd century **Roman wall** (23). Just up from this,

se abre un patio a cielo abierto que da acceso a la escalera principal.
La visita puede completarse saliendo a la Via Laietana —calle que se abriera a través del casco antiguo para conectar el Eixample con el puerto comercial, a principios de siglo— desde la que se tendrá una impresionante vista de la **muralla romana** del siglo III (23). Más arriba, en el nº 50, está la **Casa dels Velers** (24), célebre por su profusión de esgrafiados. Tras ella se encuentra el **Palau de la Música** (25) —Sant Pere més alt, 13—, obra cumbre del modernista Lluís Domènech i Montaner que ha sido restaurada por Tusquets/Díaz Asociados.
Alternativo al citado recorrido podemos, desde la catedral, acercarnos por Petrixol hasta **Santa Maria del Pi** (26) y cruzar después la Rambla por el Pla de la Boqueria. Visitaremos el **Palau de la Virreina** (27) —Rambla, 99—, hoy sede de numerosas exposiciones, para llegar hasta el **Hospital de la Santa Creu** (28) y la **Casa de la Convalescència**, (29) sede de la Biblioteca de Catalunya —Hospital, 56 y Carme, 47, respectivamente—. En dicha zona Richard Meier construirá el **Museu d'Art Contemporani** (30). En todo el Raval se han realizado, además, numerosas operaciones de vivienda social (ver las de c/Oms). La visita puede completarse con los **jardines de Emili Vendrell** (31) y con el **Hospital Antituberculoso** (32) —Torres Amat/S. Bernat, 10—, obra racionalista de los años treinta de Josep Lluís Sert y Josep Torres Clavé.

at n.° 50, is the **Casa dels Velers** (24), celebrated for its richly stencilled facade, and behind it the **Palau de la Música** (25) —Sant Pere més alt, 13—, that supreme achievement of the *Modernista* Lluís Domènech i Montaner, restored by Tusquets Díaz Asociados.
As an alternative to the route we have just outlined, we might set out instead from the Cathedral along Petrixol to **Santa Maria del Pi** (26), and cross the Rambla at the Pla de la Boqueria. Thus we come to the **Palau de la Virreina** (27) at Rambla 99, now used as an exhibition gallery, before continuing on to the **Hospital de la Santa Creu** (28) and the **Casa de la Convalescència** (29), the seat of the Biblioteca de Catalunya at Hospital 56 and Carme 47, respectively; this is the area where Richard Meier is building the **Museu d'Art Contemporani** (30). Throughout this neighbourhood, el Raval, there are numerous subsidised housing developments (see c/. Oms, for example). This itinerary might conclude with a visit to the **gardens of Emili Vendrell** (31) and the **hospital for tuberculosis patients** (32) at Torres i Amat/Sant Bernat 10, a rationalist building from the 30s by Josep Lluís Sert and Josep Torres Clavé.

2 — DESDE LA PLAÇA CATALUNYA A LA SAGRADA FAMILIA

Pasado el esplendor del período gótico, Barcelona tendrá que esperar al final del siglo XIX, cuando el dinero de los indianos que volvían de América y el proveniente de la primera revolución industrial acabara propiciando un resurgimiento nacional de las artes y las letras, la *Renaixença*, cuya máxima expresión urbana será la demolición de las murallas y la construcción del nuevo Eixample.

2 — FROM PLAÇA CATALUNYA TO SAGRADA FAMILIA

After the splendour of the gothic period, Barcelona had to wait until the end of the 19th century for the riches brought back from the Americas and the wealth created by the first industrial revolution to give the impetus to a national resurgence in art and letters, *la Renaixença*, whose ultimate civic expression was the demolition of the city walls and the construction of the Eixample.

Proyectado por Ildefons Cerdà, el Eixample preveía la construcción de una trama isótropa y uniforme sobre la que destacarían tres calles principales: la Diagonal, la Gran Via y la Meridiana que habrían de cruzarse en la Plaça de les Glories, el centro geográfico de la Barcelona resultante. Aunque, de hecho, ese centro no llegará nunca a funcionar como tal y seguirá vacío hasta nuestros días, en la medida en que la burguesía se estableció en los alrededores del Passeig de Gràcia, la clase trabajadora en los barrios del este, para acabar ubicándose las fábricas cerca del mar y cerca de la primera red de ferrocarril que se construyera en España, paralela a la costa, de Barcelona a Mataró.

Podemos iniciar el recorrido en la Plaça Catalunya. Ahí empieza el Passeig de Gràcia con las imponentes **casas Rocamora** (33) —del nº 6 al 14—. Acerquémonos, desde ellas a visitar el **Casal de Sant Jordi** (34) —Via Laietana, 81—, obra de Folguera y una de las piezas claves del *Noucentisme*. Este movimiento autóctono acabará imponiéndose a la exuberancia ornamental de los modernistas en un intento de retornar a las raíces clásicas de la arquitectura. Comparémosla, si no, con la **Casa Calvet** (35) de Antoni Gaudí en Casp, 48.

Subiendo por Roger de Llúria tenemos, en el nº 35, el **Noticiero Universal** (36), obra de Josep Mª Sostres y uno de los pocos ejemplos de inserción de arquitectura moderna en la trama del XIX. Un poco más arriba, el **Passatge Permanyer** (37) puede darnos una idea de cómo Cerdà concibiera su Eixample, según los modelos ingleses de Ciudad Jardín. Justo enfrente, desde Roger de Llúria, podemos acceder al interior de uno de los **patios de manzana** (38) recuperado recientemente por el Ayuntamiento que ve, de esta manera, la posibilidad de convertir algunos de ellos en plazas de las que el Eixample carece.

Retomemos el Passeig de Gràcia. Sólo en la manzana situada entre Aragó y Consell de Cent encontraremos la **Casa Lleó Morera** (39), obra de Lluís Domènech i Montaner y, en el piso principal, la sede del Patronat Municipal de Turisme; la **Casa Ametller** (40), obra de Josep Puig i Cadafalch, y la **Casa Batlló** (41) de Antoni

Planned by Ildefons Cerdà, the Eixample scheme envisaged the construction of a regular isotropic urban grid, on which three main streets would stand out: the Diagonal, the Gran Via and the Meridiana, which would all meet at the Plaça de les Glòries, intended to be the geographical centre of the new Barcelona. However, this centre was never to function as such, and remains empty to this day, in that the bourgeoisie chose to install themselves around the Passeig de Gràcia, with the working classes established in the neighbourhoods in the east of the city, and the factories were located close to the sea next to the first railway line to be laid in Spain, along the coast between Barcelona and Mataró.

Our visit begins in the Plaça Catalunya. The Passeig de Gràcia starts here, with the imposing **Rocamora houses** (33) at n.os 6 and 14. From here we can move on the **Casal de Sant Jordi** (34) at Via Laietana 81, the work of Folguera and a key piece in the development of *Noucentisme*. This was an indigenous Catalan movement which eventually managed to impose itself on the ornamental exuberance of the *Modernistes* to bring about a return to architecture's classical roots. We might compare Folguera's building with the **Casa Calvet** (35) by Antoni Gaudí at Casp 48.

Going up Roger de Llúria, we find, at n.° 35, the **Noticiero Universal** (36), the work of J. M.ª Sostres and one of the few examples of modern architecture to be inserted into the 19th century grid. A little further on, the **Passatge Permanyer** (37) might give us an idea of how Cerdà conceived of his Eixample, on the basis of the English garden city model. Directly opposite this, we can make our way in from Roger de Llúria to the interior of the block, to **one of the courtyards recently restored by the Ajuntament** (38), whose aim is to set about converting some of these interiors of blocks into the public squares which the Eixample is so lacking in.

Returning to the Passeig de Gràcia, we have, in the space of one block between Aragó and Consell de Cent, the **Lleó Morera house** (39) by Lluís Domènech i Montaner, now occupied, on the first floor, by the Patronat Mu-

Casa Batlló

Gaudí en una interesante confrontación de los que fueran los tres arquitectos más importantes del *Modernisme* —nº 35, 41 y 43, respectivamente—. Merece la pena acercarse desde allí a la antigua Editorial Montaner i Simón —Aragó, 255— transformada, hace poco, en sede de la **Fundació Tàpies** (42) y coronada con una escultura del insigne artista. Más arriba, antes de llegar a la Pedrera, encontramos la **Banca Catalana** (43) —Passeig de Gràcia, 84—, excelente edificio de Enric Tous y Josep M.ª Fargas de los años sesenta.

La **Casa Milà**, también conocida como **La Pedrera** (44), pasa por ser una de las obras cumbres de la arquitectura mundial. Con sus dos patios polícromos, con su anticipación a lo que será la planta libre del Movimiento Moderno, con sus chimeneas a caballo de algunas experiencias del mejor surrealismo de vanguardia y con el movimiento sinuoso de su pétrea fachada que nos recuerda a buena parte de la arquitectura expresionista posterior, Gaudí da muestras en esta obra de la más desbordada y onírica de las imaginaciones.

Sigamos, cruzando la Diagonal, hasta el nº 132 del Passeig de Gràcia donde se halla la **Casa Fuster** (45) de Lluís Domènech i Montaner. En nuestro recorrido modernista nos encontrare-

nicipal de Turisme; the **Casa Ametller** (40), the work of Josep Puig i Cadafalch; and the **Casa Batlló** (41) by Antoni Gaudí, an interesting juxtaposition of the three most important *Moderniste* architects, at n.ºs 35, 41 and 43 respectively. From here, it is well worth turning the corner to come to the old publishing house of Montaner i Simón, at Aragó 255, recently transformed to become the home of the **Fundació Tàpies** (42) and crowned by one of this distinguished artist's sculptures. Further up the Passeig de Gràcia, at n.º 84, before we reach La Pedrera, is the **Banca Catalana** (43), an excellent 60s building by Enric Tous and Josep M.ª Fargas.

The **Casa Milà**, also known as **La Pedrera** (44), is acknowledged as being one of the world's great works of architecture. With its two polychromed courtyards, its anticipation of the Modern Movement's double height space, its chimneys which come close to the very best avant-garde surrealism, and the sinuous movement of the stone facade, which suggests so much of the expressionist architecture which was to follow it, Antoni Gaudí gives evidence in this building of the most fertile and visionary of imaginations.

Continuing on our way, and crossing the Diagonal, we stop next at the **Casa Fuster** (45), Passeig de Gràcia 132, by Lluís Domènech i Montaner. This tour of *Modernista* architecture should also take in the **Palau Quadras** (46), the work of Josep Puig i Cadafalch, and the **Casa Comalat** (47), by Salvador Valeri, which uses so many of the typical *Modernista* devices as to risk becoming a caricature (Diagonal 373 and 442 respectively).

La Pedrera

mos con el **Palau Quadras** (46), obra de Josep Puig i Cadafalch y con la **Casa Comalat** (47), obra de Salvador Valeri que agota, hasta la caricatura, algunos de los recursos modernistas más usuales (Diagonal, 373 y 442, respectivamente).

La **Casa de les Punxes** (48) —Diagonal, 416— constituye uno de los conjuntos urbanos más importantes del autor del «Cafè dels Quatre Gats». En ella se observa claramente la influencia de la arquitectura neogótica de raíz centroeuropea que presidirá buena parte del que, a la postre, sería uno de los máximos exponentes del *Noucentisme* antes de caer en el ostracismo, tras la guerra civil. Más abajo, en Mallorca n° 291, la **Casa Thomas** (49) de Domènech i Montaner, originariamente de dos plantas y ampliada por Francesc Guàrdia hasta su altura actual, alberga la sede de BD. Ediciones de Diseño. El edificio de viviendas de J. Granell, situado en **Girona n° 122** (50), la **Casa Lamadrid**, (51) también de Domènech, en el n° 113 de la misma calle, y la **Casa Llopis** (52), en València n° 339 y obra de Antoni M.ª Gallissà, son, también, excelentes ejemplos de arquitectura residencial para la alta burguesía de la época. Ya en el Passeig de Sant Joan, en el n° 8, el **Palau Macaya** (53) constituye una buena reinterpretación modernista de la tipología del palacio gótico catalán.

Tras visitar la **fábrica Myrurgia** (54) —Mallorca, 351—, obra de finales de los veinte de Antoni Puig i Gairalt, merece la pena que nos acerquemos a la casa que Josep M.ª Jujol hiciera en la **Diagonal, 332** (55). J. M.ª Jujol fue el discípulo y fiel colaborador de Gaudí al que se atribuyen tanto el banco del Parc Güell como los trabajos de forja de La Pedrera.

Subiendo por Cerdenya llegamos a la **Sagrada Familia** (56), el templo expiatorio que Gaudí construyera en paralelo con el resto de sus obras, prácticamente durante toda su vida. Gaudí apenas alcanzó a ver construida la fachada del Nacimiento y parte del ábside. Hoy contrastan las esculturas figurativas que recubren la fachada del Nacimiento con la geometrizada imagen que la catedral ofrece en su interior. Existen otros edificios inacabados de Gaudí que hacen pensar el poco sentido que tiene, hoy en día, la conti-

The **Casa de les Punxes** (48) —Diagonal 416— is one of the most important urban statements by the architect of the Café dels Quatre Gats. Here we can see clearly the influence of the neogothic architecture of central Europe on a large part of the work of a man who was, all in all, one of the greatest exponents of *Noucentisme* prior to his subsequent ostracism after the Civil War. A little lower down, Lluís Domènech i Montaner's **Casa Thomas** (49) at Mallorca 291, originally only two storeys high and extended by Francesc Guàrdia, is the home of BD Ediciones de Diseño. There are a number of other excellent examples of residential architecture created for the upper middle classes of the period nearby: J. Granell's apartment building at **Girona, 122** (50); the **Casa Lamadrid** (51), by Domènech i Montaner again, at 113 in the same street; and the **Casa Llopis** (52), at València 339, by Antoni M.ª Gallissà. And in the Passeig de Sant Joan, at n.° 8, the **Palau Macaya** (53) constitutes a good *Modernista* reinterpretation of the typology of the Catalan gothic palace.

After visiting the **Myrurgia factory** (54) at Mallorca 351, built by Antoni Puig i Gairalt at the end of the 20s, we ought not to miss the house Josep M.ª Jujol built at **Diagonal, 332** (55). J. M.ª Jujol, a disciple of Antoni Gaudí and a loyal collaborator on much of his work, is credited with the sinuous bench in the Parc Güell and the wrought iron work on La Pedrera.

If we make our way up Cerdenya, we arrive next at the **Sagrada Familia** (56), the expiatory temple which Gaudí worked on simultaneously with his other projects during almost the whole of his adult life, although he barely lived long enough to see the Nativity facade and part of the apse completed. Today, the figurative sculptures which cover the Nativity facade contrast with the geometrical image offered by the interior of the church. The existence of a number of other unfinished buildings by Gaudí tends to support the view that it makes little sense nowadays to continue such an enormous piece of work. Linking the Sagrada Familia with the **Hospital de Sant Pau** (57), another of Lluís Domènech i Montaner's major

nuación de tan ingentes obras. Uniendo la Sagrada Familia con el **Hospital de Sant Pau** (57), otra de las obras capitales de Domènech i Montaner, la Avinguda de Gaudí pretende constituirse en la nueva rambla de la zona. Destacan en el área un reciente **edificio de Joan Pasqual** (58), enfrente de la Sagrada Familia, así como las viviendas de ladrillo de Vicenç Bonet, Lluís Nadal y Pere Puigdefàbregas, en **Lepanto, 307** (59) y el bloque de Antoni de Moragas, con su estructura vista de hormigón, de **Padilla, 323** (60).

achievements, the Avinguda de Gaudí seeks to establish itself as a new Rambla for the area. Also of note in the vicinity are a recent **building by Joan Pascual** (58), opposite the Sagrada Familia, as well as the housing in brick by Vicenç Bonet, Lluís Nadal and Pere Puigdefàbregas at **Lepant, 307** (59), and Antoni Moragas' apartment block at **Padilla 323** (60), with its exposed concrete structure.

3 — DESDE EL MONASTERIO DE PEDRALBES A LOS EDIFICIOS TRADE

Este tercer itinerario doble se centrará en el sector noroeste en el que se hallan algunos de los mejores ejemplos de la arquitectura moderna de la ciudad. Durante los años cincuenta, unos cuantos arquitectos se erigieron en defensores y portavoces de la modernidad perdida tras la guerra civil. El «Grupo R» aglutinó, en un principio, a gente tan dispar como J.A. Coderch, J. Pratmarsó, F. Mitjans, A. de Moragas o el entonces joven O. Bohigas. Con J. M.ª Sostres como hombre culto y con J.A. Coderch como gran figura, se dividieron a la postre en «racionalistas» y «realistas». De estos últimos nació la llamada «Escuela de Barcelona» que propugnó la recuperación y dignificación del ladrillo visto y tuvo en la vivienda social su eje central de experimentación, con la creación de los primeros polígonos como el de Montbau, los varios junto al río Besòs o el interesante grupo experimental de la calle Escorial.

Proponemos empezar la visita por el **monasterio de Pedralbes** (61) que fue fundado por Jaume II en 1326, según el modelo oficial de la época. En torno a una iglesia de nave única y al claustro en forma de U se agrupaban el resto de dependencias. En el claustro se superponen tres galerías porticadas, quedando a modo de solapa la superior. De una extraordinaria racionalidad constructiva, destacaríamos el

3 — FROM PEDRALBES MONASTERY TO THE TRADE BUILDINGS

This third double itinerary is centred on the north-west of the city, which contains some of the best examples of modern architecture in Barcelona. During the 50s, a few architects set themselves up as defenders of and spokesmen for the modernism lost as a result of the Civil War. The Grupo R brought together, at its outset, such contrasting figures as J. A. Coderch, J. Pratmarsó, F. Mitjans, A. de Moragas and O. Bohigas, still a very young man at the time. With J. M.ª Sostres as its man of learning and J. A. Coderch as its great figure, the group subsequently split into «rationalists» and «realists». The latter gave birth to the so-called «Barcelona school» which proposed the recovery and ennoblement of exposed brick and took subsidised housing as its principal area of experimentation, with the construction of the first estates such as Montbau, those by the river Besòs, and the interesting experimental group in Escorial.

A good place to begin our itinerary is the **Pedralbes monastery** (61), a monastery founded by Jaume II in 1326, in keeping with the official model of the period. The single nave church and its U-shaped cloister are the core around which the rest of the buildings are grouped. The cloister has three porticoed galleries superimposed on one another, the uppermost

ritmo horizontal de las fachadas en las que la sombra de los contrafuertes ofrecerá su contrapunto vertical. Otro monasterio, el de la **Virgen de Montserrat** (62) —Ctra. de Esplugas, 107— es una obra juvenil de Raimon Durán i Reynals de inspiración brunelleschiana en la que colaboró ese gran arquitecto de jardines que fuera Nicolau M.ª Rubio i Tudurí. Algo más abajo, en Sor Eulàlia de Anzizu, se halla el conjunto residencial **Les Escales Park** (63), obra que Josep Lluís Sert construirá en Barcelona a mediados de los sesenta, todavía en su exilio americano. Los dúplex de piedra artificial y pavés de Pep Bonet y Cristian Cirici de **Tòquio nº 2** (64), están entre las arquitecturas más destacables de la zona.

Bajando por la Avda. de la Victòria nos encontramos con los Pabellones de la finca Güell, hoy sede de la Càtedra Gaudí, en los que el arquitecto Antoni Gaudí resolverá el espacio rectangular de las antiguas caballerizas a base de arcos parabólicos y bóvedas tabicadas. La portería, de planta octogonal y rematada por un curioso cupulín, configura el otro bastión de la magnífica puerta en la que se halla esculpido en forja un gran dragón. Desde allí proponemos un desvío para acercarnos hasta **la Quinta Amèlia** (65) cuyo parque, realizado por Elías Torres y José Antonio Martínez Lapeña, es uno de los más sugerentes de los últimos tiempos.

Llegando ya a la Diagonal nos encontramos con la **Facultad de Derecho** (66), obra maestra de los enton-

Quinta Amèlia

acting as a suntrap. Extraordinarily rationalist in its construction throughout, special mention must be made of the horizontal rhythm of the facades, to which the shadows of the buttresses create a vertical counterpoint. Another monastery, that of the **Verge de Montserrat** (62) —Ctra. de Esplugues, 107— is a youthul work by Raimon Duran i Reynals with its inspiration in Brunelleschi, to which that great architect of gardens Nicolau M.ª Rubió i Tudurí contributed. A little further down, in Sor Eulàlia de Anzizu, we find the residential development of **Les Escales Park** (63), which Josep Lluís Sert built in Barcelona in the mid-sixties, while still in exile in America. The duplex apartment block in artificial stone and glass brick by Pep Bonet and Cristian Cirici at **Tòquio, 2** (64) is amongst the most outstanding architecture in the area.

On our way down the Avda. de la Victòria we come next to the Pavilions on the Güell estate, now home of the Cátedra Gaudí, in which the architect Antoni Gaudí transformed the rectangular space of the old stables through the use of parabolic arches and Catalan vaults. The gatehouse, octagonal in plan and crowned by an unusual spire, forms the other bastion of the magnificent gateway, with its great wrought iron dragon. From here, we recommend a detour to take in the **Quinta Amèlia** (65), whose gardens, by Elías Torres and José Antonio Martínez Lapeña, are amongst the most evocative of recent years.

On arriving at the Diagonal, we are faced by the **Law Faculty building** (66), a masterly piece of early work by Guillem Giráldez, Xavier Subias and Pere López Iñigo. A paradigm of fifties architecture, the building's volumetry brings out the different uses included in the programme with a frankness which has left the metal structure exposed, in sympathy with a good part of the iconography of the Modern Movement.

Moving on in the direction of the Zona Universitaria we come to the **Palau de Pedralbes** (67), where once again the gardens are by Nicolau M.ª Rubió i Tudurí; the **Economic Science Faculty** (68), by the same architects as the Law Faculty building,

Facultad de Derecho

ces jovencísimos Guillem Giráldez, Xavier Subias y Pere López Iñigo. El edificio, paradigma de la arquitectura de los cincuenta, resaltará volumétricamente las distintas funciones del programa con una «honradez» que les llevará a dejar vista la estructura metálica, en resonancia con buena parte de la iconografía del Movimiento Moderno.

Dirigiéndonos hacia la Zona Universitaria nos encontramos con el **Palau de Pedralbes** (67) cuyos jardines se deben, también, a Nicolau M.ª Rubió i Tudurí; con la **Facultad de Ciencias Económicas** (68), de los mismos autores de la Facultad de Derecho, y con la **Escuela de Altos Estudios Mercantiles** (69), según proyecto de los arquitectos Javier Carvajal y García de Castro del año 55. En ella, los autores opondrán una serie de volúmenes bajos al edificio principal, concebido como pantalla. No estaría de más que desde la Zona Universitaria el viajero se acercara hasta Sant Just Desvern para ver el **Walden 7** (70), una de las obras más interesantes de Ricardo Bofill que hay que entender como alternativa a la vivienda social de los años sesenta. En cierto modo, la obra anuncia la tendencia hacia cierto monumentalismo que presidirá gran parte de la obra posterior del arquitecto. Y ya desde aquí, ¿por qué no acercarnos a Santa Coloma de Cervelló para visitar la **Cripta de la Colonia Güell** (71), obra debida asimismo a Antoni Gaudí?

Volviendo en autobús por la Diagonal podríamos ver, sin movernos del asiento, las siguientes obras: los edificios de oficinas **Trade** (72), de José Antonio Coderch de Sentmenat, asomando por detrás de El Corte Inglés con sus formas sinuosas, un **edificio de Federico Correa/Alfonso Milà** (73) del que destacaríamos la inte-

and the **School of Higher Commercial Studies** (69), designed by Javier Carvajal and García de Castro in 1955, where the architects have opposed a series of volumes under the main bulding, conceived as a great screen. From the Zona Universitaria the visitor might easily go on to Sant Just Desvern to have a look at **Walden 7** (70), one of Ricardo Bofill's most interesting schemes, which should be understood in the sense of an alternative to the subsidied housing of the sixties. To a certain extent the project is an early statement of the rather monumental quality apparent in much of the architect's subsequent work. And having come this far, why not carry on to Santa Coloma de Cervelló to visit the **Crypt of the Colonia Güell** (71) by Antoni Gaudí?

Returning along the Diagonal by bus we can see a number of works of architecture through the windows: the **Trade buildings** (72) by José Antonio Coderch de Sentmenat, with their sinuous forms rising up behind El Corte Inglés, **a building by Federico Correa and Alfonso Milà** (73) with an interesting use of louvres on the utility areas, the **Banca Catalana** (74) by Enric Tous and Josep M. Fargas, the new hotel and office buildings from which Albert Viaplana and Helio Piñon's new **Hilton** (75) —whose interiors they were not allowed to design— stands out through sheer merit, and the site to be occupied by the continuous 300 m facade of **the new block by Rafael Moneo and Manuel de Solà-Morales** (76). On a stretch of the Diagonal where isolated blocks have traditionally been favoured, this scheme, which prevents us from seeing into the neighbourhood we are passing, came first in the limited competition. A little further on, at the junction with the Avda. de Sarrià, is

resante solución de lamas adoptada en los lavaderos, la **Banca Catalana** (74) de Enric Tous y Josep M. Fargas, los nuevos edificios de hoteles y oficinas entre los que destaca, por mérito propio, el nuevo **Hilton** (75) de Albert Viaplana y Helio Piñón —a quienes no se les permitió actuar en los interiores— y el solar en el que se ubicará la manzana continua de 300 metros según **proyecto de Rafael Moneo y Manuel de Solà-Morales** (76). En una zona de la Diagonal en que se apuesta por los bloques aislados, esa propuesta que no permite entrever los barrios que atravesamos, ganó el concurso restringido que se convocó al efecto. Más adelante, en el cruce con la Avda. de Sarrià, nos encontraremos con la **Atalaya** (77) de Federico Correa y Alfonso Milà así como otro edificio de viviendas en altura, **obra reciente de Antoni Font** (78).

El segundo de los recorridos que proponemos es intercambiable en varios puntos con el que acabamos de describir y empezará y acabará en los edificios Trade. Siguiendo el cinturón de Ronda en dirección hacia el Colegio de las Teresianas nos encontraremos con las **Cotxeres de Sarrià** (79) —Passeig de Manuel Girona/Joan Bosco—. Concebido como alternativa a los bloques lineales de la época, J.A. Coderch hará del retranqueo el *leitmotiv* del proyecto creando esos «patios exteriores» de transición entre la vivienda y la calle, en un intento de no reconocer el entorno urbano. Enfrente, al lado del Estadio del Español F.C., se halla un **bloque** y una magnífica **gasolinera**, ambos obra de Francesc Mitjans (80).

the **Atalaya** (77) by Federico Correa and Alfonso Milà, next to another highrise residential block, a recent piece of **work by Antoni Font** (78).

The second itinerary we propose is interchangeable at various points with the one we have just described, and sets off from the Trade Buildings. Following the Ronda in the direction of the Theresan college we arrive at the **Cotxeres de Sarrià** (79) —Manuel Girona/Joan Bosco. Conceived as an alternative to the typically linear blocks of its time, Coderch has made the stepping back of the facade the *leitmotif* of the project, creating those «exterior courtyards» as a transition between street and dwelling, in an attempt to overlook the building's urban setting. Opposite, next to the Espanyol F.C. football stadium, are a **housing block** and a wonderful **service station,** both by Francesc Mitjans (80).

Further up we come upon a virtuoso display in the use of the **false facade** (81), carried out by Pepita Teixidó under the auspices of the «Barcelona posa't guapa» campaign to cover up some boundary walls left exposed by the building of the new road, an apartment block in brick by Lluís Nadal at **Tres Torres, 44** (82), and the magnificent **Calatrava building** (83) by Pere Llimona and Xavier Ruiz Vallés, before reaching A. Gaudí's **Theresan College** (84) in Ganduxer street. Crossing Via Augusta we find the **Banco Urquijo block** (85), between Raset, Freixa, Modolell and Vico, one of the first complexes in which J. A. Coderch tried out his vocabulary of blind facades and «balcony-

Edificios Trade

Más arriba nos encontramos con un ejemplo de virtuosismo de **falsa fachada** (81), realizado por Pepita Teixidó dentro del programa «Barcelona posa't guapa» para disimular unas medianeras que el Cinturón dejó al descubierto, un bloque de ladrillo de Lluís Nadal en **Tres Torres nº 44** (82) y el magnífico **Edificio Calatrava** (83), de Pere Llimona y Xavier Ruiz Vallés, antes de llegar al **Colegio de las Teresianas** (84) de A. Gaudí de la calle Ganduxer. Cruzando la Via Augusta, nos encontramos con la manzana de **Banco Urquijo** (85) —c/Raset/Freixa/Modolell y Vico—, uno de los primeros conjuntos de bloques en el que J.A. Coderch ensayará su lenguaje de fachadas ciegas y «ventanas-balcón» en los ángulos, protegidas por lamas de madera. La planta, con su solución de salas de estar dando tanto al interior de la parcela como a la calle, es magnífica.

De ahí, por Modolell, podemos llegar a la Plaça Sant Gregori en la que se halla, en una de sus esquinas, un **bloque de obra vista de Ricardo Bofill** (86) de gran expresividad, que anticipará con sus chimeneas lo que después hará en el barrio Gaudí de Reus. Subiendo por **Johann Sebastian Bach** nos encontraremos con dos obras, una de J.A. Coderch y la otra de R. Bofill, **n.os 7 y 28**, respectivamente (87/88). En la primera destacaríamos el tratamiento de las celosías de la fachada principal que crean un maravilloso espacio de transición por donde toda la casa respirará. Los for-

Edificio de J. A. Coderch en J. S. Bach, 7

windows» on the corners, shielded by wooden louvres. The floor plan, with its disposition of the living rooms giving onto the interior of the block and the street outside, is magnificent.

From here we can go down Modolell to the Plaça Sant Gregori, where we find a highly expressive exposed brick **building by Ricardo Bofill** (86) occupying one corner, anticipating in its treatment of the chimneys what he would later develop in the Gaudí district in Reus. Going up **Johan Sebastian Bach** now we are confronted by two pieces of work, one by J. A. Coderch and the other by R. Bofill, **at n.os 7 and 28** respectively (87/88). The treatment of the shutters on the main facade of the first building is particularly fine, creating a marvellous transition space which lets the whole house breathe. The exposed ironwork, as well as marking the rhythm, serves to guide the sliding shutters. The facade which opens onto the entrance passage is an anthology piece. With buildings such as this, J. A. Coderch helped to instill in the upper classes a taste for exposed structural elements which has subsequently been repeated to saturation point.

We can now move on to look at the building by F. Mitjans at **Amigó 76** (89) on our way to the J. Ll. Sert building at the **corner of Muntaner and Rector Ubach** (90) in which he put forward the idea, in 1930, of an apartment block composed of three superimposed duplexes, with his own studio at the top. In this same neighbourhood we can also see two buildings by Esteve Bonell: the **Frégoli**, (91) at Madrazo 54, from the mid-seveties, and the building at **Brusi 19** (92), from the mid-eighties. The **Monés jewellery workshop** (93), at Guillem Tell 51, and the house-cum-studio which J. A. Coderch designed for Antoni Tàpies at **Saragossa 57** (94) —barely a hundred metres from each other— are two of the finest pieces of work of 1960, making use of the shutters as a hermetic enclosure behind which to conceal the various different functions in their programmes. We are now only a short walk from the **Casa Vicens** (95) in Carolines street, the first work A. Gaudí undertook for a well-known ceramics manufacturer, in which he used

jados vistos, a la vez que ritmarán la fachada, servirán de guía a las correderas. La fachada que se abre sobre el pasaje de acceso al inmueble es antológica. J.A. Coderch con edificios como éste ayudó a difundir entre la clase alta, el empleo de la obra vista que después se copiará hasta la saciedad.

Pasaríamos, entonces, a ver el edificio de F. Mitjans en **Amigó n.° 76** (89) para llegar, después, al edificio de J. Ll. Sert de **Muntaner/Rector Ubach** (90) en el que, en el año 30, el arquitecto propuso un inmueble a base de tres dúplex superpuestos, sobre el cual tendría su propio estudio. En la zona podemos ver los dos edificios de Esteve Bonell: el **Frégoli** (91), situado en Madrazo n.° 54, de mediados de los setenta, y el de **Brusi n.° 19** (92), de mediados de la pasada década. La **Fábrica de joyería Monés** (93) —c/ Guillem Tell, 51— y la casa estudio, que para Antoni Tàpies hiciera J.A. Coderch —**c/Zaragoza, 57** (94)—, situadas a apenas a 100 metros de distancia, son dos de las mejores obras de los años sesenta que recurrirán al hermetismo de la celosía tras las que esconder las diversas funciones a satisfacer. Desde aquí podemos acercarnos a la **Casa Vicens** (95) de Carolines, la primera de las obras que Gaudí hiciera para un conocido ceramista, utilizando diversos azulejos en la fachada.

Bajando por **Via Augusta, en los n.° 61 y 12** (96/97) nos encontraremos con sendos edificios racionalistas de Germán Rodríguez Arias y Martínez Sánchez ambos entre la mejor producción de principios de los treinta. El circuito racionalista puede completarse visitando el edificio de **Diagonal/Enric Granados** (98) de Ricardo Churruca y el ya citado G. Rodríguez Arias, del que es también el **Edificio Astoria** (99), de París, 193. Atrás hemos dejado el **Instituto Francés** (100) de Coderch, en Moià, y la **sede de La Caixa de Pensions** (101), en la Diagonal, n.° 522, obra de Xavier Busquets, quien también realizó la moderna sede del Col.legi d'Arquitectes, enfrente de la Catedral.

Un recorrido de vuelta alternativo aconsejaría visitar el edificio de viviendas de Emilio Donato en **Rosselló n.° 152** (102), otra magnífica muestra de lo que supuso el trabajo en ladrillo de la Escuela de Barcelona, el edificio

Edificio de J. Ll. Sert en Muntaner/Rector Ubach

various kinds of tiles in the composition of the facade.

As we go down **Via Augusta** we can see a couple of rationalist buildings, at **n.°s 61 and 12**, (96/97) by Germán Rodríguez Arias and Martínez Sánchez, both amongst the best work of the early thirties. The rationalist circuit might be completed with a visit to the building at **the corner of the Diagonal and Enric Granados** (98) by Ricardo Churruca and the already-mentioned G. Rodríguez Arias, who was also the architect of the **Astoria building** (99) at París 193. Behind this is the **Institut Français** (100) by J. A. Coderch, in Moià, and the **head office of the Caixa de Pensions** (101) at Diagonal 522, the work of Xavier Busquets, who also designed the modern Col.legi d'Arquitectes opposite the Cathedral.

An alternative on the way back might be to visit the apartment building by Emilio Donato at **Rosselló, 152** (102), another magnificent example of the Barcelona School's work in brick; Guillem Cosp's fifties building on the **corner of Mallorca and Enric Granados** (103); the **Edificio Mediterráneo** (104) on Consell de Cent/ Comte de Borrell in which Antonio Bonet Castellana sought a new alternative to the traditional manner of occupying the chamfered corners of the Eixample block; the **Editorial Gustavo Gili** (105) publishing house at Rosselló 89, by Joaquim Gili and Francesc Bassó, one of the most interes-

de Guillem Cosp de los años cincuenta en la esquina **Mallorca/Enric Granados** (103), el **Edificio Mediterráneo** (104) en Consell de Cent/Comte de Borrell, en el que Antonio Bonet Castellana buscó nuevas alternativas a la ocupación tradicional de los chaflanes de la manzana del Eixample; la **Editorial Gustavo Gili** (105) en Rosselló, 89, de Joaquim Gili y Francesc Bassó, una de las obras del racionalismo de los años cincuenta más interesantes; el edificio de viviendas de R. Bofill en el **cruce de Nicaragua con Marquès de Sentmenat** (106), quizás la obra más sugerente de toda su trayectoria profesional y el edificio de **Galileo n.º 281** (107) de G. Mora, A. Viaplana y H. Piñón, obra que anticipa el rigor conceptual que presidirá toda la obra de estos arquitectos, para acabar en los edificios Trade.

ting works of fifties rationalism; R. Bofill's apartment building at the **junction of Nicaragua and Marqués de Sentmenat** (106), perhaps the most evocative building of his entire career, and the construction by Gabriel Mora, Albert Viaplana and Helio Piñon at **Galileo, 281** (107), giving as it does a first hint of the conceptual rigour which is paramount in all of these architects' work, culminating in the Trade Buildings.

4 — DESDE LA VILLA OLÍMPICA AL PARC GÜELL

Ya hemos comentado, en alguna ocasión, la carencia de espacios verdes que tenía Barcelona hasta hace apenas una década. El cuarto de los itinerarios pretende mostrar algunas de las últimas realizaciones en la materia situados en el sector oriental, quizás el más necesitado de todos ya que en esos barrios se establecieron las clases trabajadoras que vinieron a la ciudad atraídos por el *boom* de los años sesenta. En ellos la intervención del Ayuntamiento ha tenido más incidencia al haber podido transformar viejas fábricas y antiguos terrenos de la vía férrea en una innumerable cantidad de plazas y parques públicos.

Proponemos empezar la visita dando la vuelta por debajo del Parc de la Ciutadella. Este hecho nos permitirá ver las obras del Cinturón del Litoral y entender la posición relativa de todo el sector industrial que, demolidas las viejas fábricas, se convertirá en la Villa Olímpica, el primer paso para ganar la verdadera fachada al mar que tanto anhela Barcelona. La **Villa** (108) será construida según el Plan de Martorell, Bohigas, Mackay y Puigdomènech (MBMP). Subiendo por Carlos I —eje que en el nuevo proyecto se verá re-

4 — FROM THE OLYMPIC VILLAGE TO PARC GÜELL

We have already remarked on the lack of parks and landscaped areas in Barcelona up until barely a decade ago. The fouth of our itineraries sets out to show some of the recent achievements in this area in the eastern part of the city, where perhaps such spaces are needed even more than elsewhere, this being the sector of the city in which the incoming working classes settled, drawn by the boom of the sixties. Here the City Council's interventions have been most effective, thanks largely to their being able to transform abandoned factories and unused land owned by the railway into innumerable public parks and squares.

It might be appropriate to begin this visit with a stroll around the area below the Ciutadella park, which will let us see something of the work in progress on the Cinturó del Litoral expressway and understand the relative position of the industrial district which, with the demolition of the old factories, is being converted into the Olympic Village, the first step towards regaining the genuine seafront Barcelona has so keenly desired for so long. The **Olympic Village** (108) is being constructed to a master plan by

matado por dos torres de 40 plantas y un gran palacio de Congresos— proponemos o bien tomar **Pallars** y llegarnos hasta las viviendas que MBM construyeron en los años cincuenta —del **n.º 301 al 319** (109)— o bien seguir hasta la Gran Via y cruzando la Plaça de les Glòries, llegar por la Meridiana hasta el Parc del Clot.

Ambos recorridos son interesantes. Las viviendas de ladrillo de Bohigas son uno de los mejores ejemplos de lo que dio en llamarse Escuela de Barcelona, en clara conexión con el neorrealismo cinematográfico italiano. Muy cerca de las mismas se halla una reciente **operación de Josep Lluís Mateo** (110) en la que el arquitecto hace del giro de los testeros el argumento de una inteligente composición fragmentaria. Antes de cruzar la Gran Via a la izquierda se halla otro interesante conjunto de **viviendas sociales** (111), realizado por Jordi Bosch, Joan Tarrús y Santiago Vives, en los que se ha realojado a la gente que fue expropiada para la construcción de la ya citada Villa Olímpica. Si se tiene tiempo merece la pena desviarnos para visitar el **edificio de la Hispano Olivetti** (112), Llacuna, 162, que Elías Torres y José Antonio Martínez Lapeña han adecuado como sede del vivero de empresas conocido por «Barcelona Activa». Justo en el extremo opuesto, al otro lado de la Gran Via, la **Plaça de la Palmera** (113) con el muro escultura de Richard Serra y el **Colegio** (114) del mismo nombre, obra de Moisés Gallego y Franc Fernández, merecen también una visita.

El otro recorrido alternativo permitirá pararnos en el **Parc de la Estació del Nord** (115), parque que queda configurado por una enorme instalación de Beverly Peppers de resonancias gaudinianas, o bien seguir hasta la Plaça de les Glòries, plaza que cambiará totalmente de fisonomía en los próximos años y en cuyas inmediaciones se va a construir el **Teatre Nacional** (116) de Ricardo Bofill y el **Auditorio** (117), según los planos de Rafael Moneo.

El **Parc del Clot** (118) es una de las intervenciones más brillantes en las que se han aprovechado los restos que quedaban de los antiguos talleres de RENFE para crear una sutil combinación de elementos antiguos y modernos. Tanto el antiguo muro, converti-

Martorell, Bohigas, Mackay and Puigdomènech (MBMP). Making our way up Carles I, the axial route which will terminate with two 40 storey tower blocks and a great Conference Centre, we have the choice of taking **Pallars** to arrive at the MBM housing built in the fifties, **from n.os 301 to 319**, (109) or carrying on up to the Gran Via and crossing the Plaça de les Glòries, then following the Meridiana to the Parc del Clot.

Both these itineraries are of interest. The brick building by Oriol Bohigas is one of the best examples of the work of what came to be known as the Barcelona School, showing clear connections with Italian cinematic neorealism. Very near at hand is a recent **scheme by Josep Lluís Mateo** (110), where the architect has used the turning of the walls as the line of argument in an intelligently fragmentary composition. Before we cross over the Gran Via, there is another interesting **subsidised housing development** on our left (111), the work of Jordi Bosch, Joan Tarrús and Santiago Vives, built to house the people displaced by the construction of the Olympic Village. If you have time, it is worth making the detour to see the **Hispano Olivetti building** (112) which Elías Torres and José Antonio Martínez Lapeña have converted to accomodate the enterprise development entity known as «Barcelona Activa». Just opposite this, on the other side of the Gran Via, the **Plaça de la Palmera** (113) with its sculptural wall by Richard Serra, and the **school building of the same name** (114) by Moisés Gallego and Franc Fernández, are also well worth a visit.

The other alternative would allow us to stop at the **Parc de la Estació del Nord** (115), marked by an enormous installation with Gaudiesque overtones by Beverly Peppers, or continue on to the Plaça de les Glòries, a square whose physiognomy is destined to change completely in the next few years; Ricardo Bofill is to build his new **Teatre Nacional** (116) just here, near the **auditorium** (117) being planned by Rafael Moneo.

The **Parc del Clot** (118) is one of the most brilliant of the interventions to have made use of the remains of the derelict RENFE workshops, with its

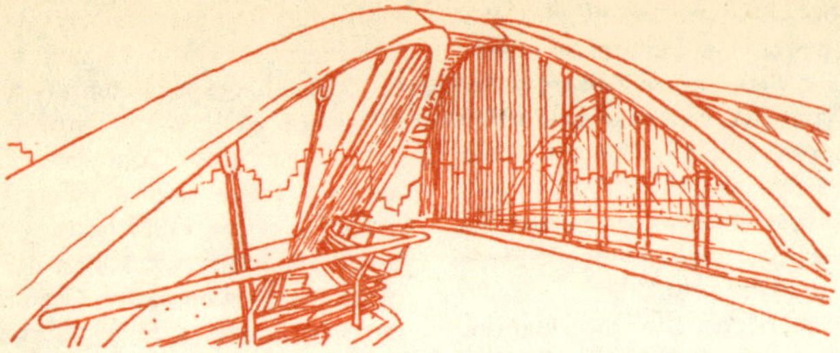

Puente Bac de Roda

do en soporte de una cascada, como la parte dura de juegos iluminada por cuatro torres de luz, así como la topografía artificial y las pasarelas que las conectan hablan de su magnífica concepción. A su lado, **el Colegio San Juan de Ribera** (119) de Ramon Sanàbria y Ramon Artigues es un perfecto exponente de la política de la Generalitat en la materia. Al fondo divisamos el **puente de Santiago Calatrava** —Bac de Roda/Felip II— que, colgado de dos grandes vigas por unos tensores metálicos, combina espectacularmente su función de conectar dos partes de la ciudad por encima de las vías del tren, a la vez que potencia el tratamiento de las áreas destinadas a los peatones. Justo enfrente, la **Plaça General Moragues** (120) combina acertadamente diversos materiales en uno de los espacios públicos al descubierto mejor tratados. Las esculturas de Ellsworth Kelly sirven de punto focal perspectivo tanto de la plaza como del puente.

La próxima parada va a permitirnos visitar la soberbia **escuela que J. Bosch, J. Tarrús y S. Vives** (121) hicieron en la Sagrera, en la que resaltaríamos tanto la solución del pilar en esquina como la situación del parvulario ocupando la planta superior, con accesos independientes del resto de la escuela. Un poco más allá está el **Parc de la Pegaso** (122) de Joan Roig y Enric Batlle, ocupando el lugar de las antiguas naves de la fábrica del mismo nombre.

Muy cerca, sobre la **Meridiana**, nos encontramos con dos edificios de viviendas en altura, ambos entre las mejores obras de los años sesenta. El primero, en el **n.° 312 bis** (123), con una interesante solución de fachada y paredes de carga a pesar de su número de plantas, es obra del estudio MBM.

subtle combinations of old and modern elements. The old wall, transformed into the support for a waterfall; the hard playground lit at night by four light towers; the artificial topography and the walkways which connect everthing up, all attest to the brilliance of the conception. Alongside the park, the **San Juan de Ribera school** (119) by Ramon Sanàbria and Ramon Artigues perfectly exemplifies the Generalitat's policy on new school building. In the background we can make out **Santiago Calatrava's Bac de Roda/Felip II bridge** suspended from its great girders by tensile steel cables, spectacularly combining its function of connecting two parts of the city separated by the railway lines with a sensitive treatment of the pedestrian areas. The **Plaça General Moragas** (120) directly opposite combines a variety of materials with great skill in what must be one of the city's best open air public spaces. Ellsworth Kelly's sculptures provide a focus for the perspectives of the square itself and for the bridge.

Our next stop gives us a chance to visit the superb **school building** (121) **by J. Bosch, J. Tarrús and S. Vives** in the Sagrera district; features of particular interest here are the treatment of the corner pillar and the sitting of the nursery school on the upper floor, with its own independent access. A little further on we come to the **Parc de la Pegaso** (122), by Joan Roig and Enric Batlle, which occupies the site of the former vehicle factory of the same name.

Very near here, on the **Meridiana**, are two highrise apartment buildings which are among the finest work of the sixties. The first of these, **n.° 312b** (123), with an interesting treatment of its facades and load-bearing walls in

El segundo, obra de Antoni de Moragas, apea los muros al llegar a la planta baja en una solución similar a la que adoptara en el bloque de **Lepanto** (124). Cruzando la Meridiana, podemos visitar el **Canódromo** (125), obra en estructura metálica de Antoni Bonet Castellana y Josep Puig i Torné, de principios de los sesenta —Concepción Arenal, 165—. Su simplicidad de líneas y su forma de huso acompañan a la perfección la pista de carreras de galgos. En la planta baja se sitúan los servicios. Arriba las gradas y la sala de apuestas bajo la gran cubierta que, a modo de ligero parasol, gana altura en la zona de máxima acumulación de gente.

Para los amantes de la historia de la arquitectura recomendaríamos, saliendo del Parc de la Pegaso, que por el Passeig Torras i Bages se acercaran a la **Casa Bloc** (126) que Sert y Torres Clavé construyeran en el año 1932, en el n.° 91/105, aplicando literalmente los esquemas en *redent* que propusiera Le Corbusier. Si no, por el Passeig Onze de Setembre/Fabra i Puig, nos acercaremos a la **Plaça Sóller** (127) que, dividida en una zona de pavimento duro y otra de arena, agua y vegetación, cuenta con una escultura de Xavier Corberó. Desde allí podremos llegarnos hasta la **Via Julia** (128), uno de los proyectos de más trascendencia al vertebrar toda una serie de actuaciones como la Plaça de Llucmajor —que presidirá un **monumento a la República** (129) con una escultura de Viladomat—, las **plazas de Francesc Layret y Angel Pestanya** (130) e incluso la **Avda. Río de Janeiro** (131), que cerrará por detrás ese polo de desarrollo del sector en que debe convertirse la nueva área de *Renfe Meridiana*. Un paseo a pie por la zona nos dará idea de la situación anterior a la intervención municipal. La Via Julia, obra de Bernardo de Solà y Josep M.ª Julià, resuelve un difícil vacío creado a la espera de que por allí pasase una vía rápida. Una vez decidido el paso del cinturón por Via Favència, el trabajo de los arquitectos y las esculturas de Sergi Aguilar y Antoni Rosselló configurarán la Via como la nueva Rambla de Nou Barris.

Tomando el Passeig de Valldaura en dirección al Vall d'Hebron proponemos seguir la visita con el velódromo y el Parc del Laberint de Horta. El **ve-**

spite of its great number of floors, is from the MBM studio. The second, by Antoni de Moragas, props up its walls at ground floor level in a solution similar to the one adopted in the block we have already seen in **Lepanto street** (124). Crossing the Meridiana, we might visit the **Canódromo** (dog track) (125) at Concepció Arenal 165, a steel structure by Antoni Bonet Castellana and Josep Puig i Torné from the early sixties. The simplicity of its lines and its spindle form are the perfect complement to the greyhound track. The services are located on the ground floor, with the tiered seating and the betting hall above them under the impressive roof which, like a lightweight parasol, has greatest height at the point of maximum accumulation of people.

For all those interested in the history of architecture we can recommend, on leaving the Parc de la Pegaso and following the Passeig Torras i Bages, a visit to the **Casa Bloc** (126), which J. Ll. Sert and J. Torres Clavé constructed in 1932 at n.os 91-105, applying quite literally the *redent* schemes put forward by Le Corbusier. Alternatively, we might take the Passeig Onze de Setembre/Fabra i Puig towards the **Plaça Sóller** (127), a square divided between a hard, paved surface and an area of sand, water and greenery, with a sculpture by Xavier Corberó. From here we can reach the **Via Julia** (128), one of the most far-reaching urban design projects, an axis articulating a whole series of interventions such as the Plaça de Llucmajor, presided over by the **monument to the Republic** with a sculpture by Viladomat (129), the **Francesc Layret and Angel Pestanya squares** (130), and even the **Avda. Río de Janeiro** (131), which will close off the rear of this axis of development of what is to be the new *Renfe Meridiana* district. A stroll on foot around the area will give an idea of what it was like prior to the city council's intervention. The Via Julia, the work of Bernardo de Sola and J. M.ª Julià, resolves an awkward vacuum which had been created by the expectation that an expressway would be built there. When it was decided to route the expressway through the Via Favència instead, the architects and the sculptors Sergi

lódromo (132), construido en 1982 por Esteve Bonell y Quico Rius para albergar las pruebas de ciclismo de los Juegos, ordena con su potencia volumétrica su caótico entorno. El edificio presenta una doble transparencia sirviendo de perfecta transición entre la ciudad y la montaña que lo circunda. Tanto el parque que lo rodea, según proyecto del poeta Joan Brossa, como el del **Laberint** (133), parque del siglo XVIII situado en sus inmediaciones, ayudan a definir uno de los conjuntos más logrados. Muy cerca del velódromo se halla el **polígono de Montbau** (134), conjunto experimental de los años cincuenta y sesenta en el que jugando con muy diversas tipologías de vivienda se construyó un barrio autónomo de modélico urbanismo. Adentrándonos en el **Parc de la Creueta del Coll** (135) podremos visitar la reutilización que de la antigua cantera abandonada han hecho MBM convirtiendo la gran oquedad de la montaña en piscina pública. Al fondo una impresionante escultura de Eduardo Chillida preside en silencio la escena.

Se propone, si quedan ánimos, acabar la jornada visitando el **Parc Güell** (136). Del proyecto de ciudad jardín que A. Gaudí proyectara apenas se construyó la vivienda del conserje y la que ahora le sirve de museo. La escalinata que conduce a la gran plaza hipóstila, el banco serpenteante, diseño de su colaborador J.M.ª Jujol, y el tratamiento de toda la naturaleza hacen del Parc Güell una de las mejores obras de A. Gaudí.

Parc Güell

Aguilar and Antoni Rosselló modelled the Via Julia as the new Rambla of the Nou Barris district.

If we next take the Passeig de Vall-daura in the direction of the Vall d'Hebron, we can continue our tour with a visit to the velodrome and the Laberint de Horta park. The **velodrome** (132), constructed in 1982 by Esteve Bonell and Quico Rius to accomodate the Olympic cycling events, imposes order on its chaotic surroundings through the potency of its volumetry. The building has a double transparency, serving perfectly as the transition between the city and the hills around it. Both the park in which it stands, laid out according to a scheme by the poet Joan Brossa, and the **Laberint** (133), an 18th century park immediately adjacent, contribute to the definition of this, one of the most successful of sports complexes. A short distance from the velodrome, in **Montbau** (134), there is an **experimental residential development** of the fifties and sixties which played with a great diversity of housing typologies in the construction and urban design of a model independent neighbourhood. Entering the **Parc de la Creueta del Coll** (135) we can see the reutilization of the abandoned quarry workings undertaken by MBM, converting the great excavation in the side of the hill into a public swimming pool. In the background an enormous sculpture by Eduardo Chillida presides over the scene in silence.

For those with the energy for one more visit, the day's itinerary might be completed with a tour of the **Parc Güell** (136). Of the Garden City planned by Gaudí, little more than the gatekeeper's lodge and the house now used as a museum were actually built. The flight of steps leading up to the great hypostile square, the serpentine bench, designed by Gaudí's collaborator J. M.ª Jujol, and the overall treatment of the natural setting make the Parc Güell one of the finest examples of Gaudí's work.

5 — DESDE LA PLAÇA DELS PAÏSOS CATALANS A MONTJUÏC

Hemos dejado para el último lugar el recorrido que, empezando en la **Plaça dels Països Catalans** (137), acaba en la montaña de Montjuïc, lugar en el que tendrán lugar los JJ.OO. del 92. Y empezamos por dicha plaza porque es el ejemplo paradigmático de todos esos espacios públicos de reciente creación en la medida en que supo acuñar un nuevo lenguaje que después ha sido retomado en múltiples ocasiones. Los arquitectos hablan de la desolación que tuvieron al hacerse cargo del proyecto. Esto les llevó, de entrada, a definir en el suelo los límites estrictos de su intervención. El sutil diálogo que establecen el dinamismo de la pérgola y el estático palio de *deployé* así como las diversas estructuras metálicas —convertidas en verdaderos árboles artificiales en un lugar en el que, por encontrarse debajo las vías del tren, no podía plantarse nada— nos hablan de esa capacidad de transmutación, de magia en la que a veces raya la arquitectura. Ni el **Parc de la Espanya Industrial** (138), nombre de la antigua fábrica que ocupara el solar; ni el **Parc de l'Escorxador** (139), parque construido en el lugar que dejara el antiguo matadero y en el que destaca de entre la vegetación una enorme superficie árida con una fálica escultura de Joan Miró, tienen el carisma de su vecina.

Los terrenos que hoy ocupa la Fira de Barcelona fueron urbanizados, con motivo de la Exposición del año 1929 con la idea de convertir Montjuïc en parque urbano y contrapunto del Parc de la Ciutadella que se creara con motivo de la anterior Exposición del año 1888. Los **palacios de Alfonso XII y de la Reina Victoria Eugenia** (140), ambos obras *noucentistas* de Puig i Cadafalch, y sobre todo el **Palau Nacional** (141), en el que la italiana Gae Aulenti va a acondicionar el Museu d'Art de Catalunya destacan del conjunto coronando la perspectiva que se divisa desde la remodelada Avda. de Maria Cristina. El museo albergará, entre otras, las colecciones actuales de arte románico, consideradas las más importantes y mejor conservadas del mundo.

5 — FROM PLAÇA DELS PAÏSOS CATALANS TO MONTJUÏC

We have left to the end the itinerary which, starting from the **Plaça dels Països Catalans** (137), concludes on the hill of Montjuïc, the site of the 1992 Olympic Games. The visit begins here, at the Plaça, because this is the paradigm for all of the forging of a new language which has since been taken up and employed on numerous occasions. Its architects speak of the desolation they felt at the moment of taking on the project. This led them, at the outset, to mark out and define the strict limits of their intervention on the site. The subtle dialogue established between the dynamism of the pergola and the stasis of the *deployé* canopy, as well as the various metal structures —which have the quality of real trees in a place where, being underneath the railway, nothing could be planted— attest to that capacity to transform, that magic which architecture sometimes touches on.

Neither the **Parc de l'Espanya Industrial** (138), named after the old factory whose site it occupies, nor the **Parc de l'Escorxador** (139), a park created on land left vacant on the removal of the slaughterhouse and remarkable for the great arid expanse in the middle of the vegetation from which a phallic sculpture by Joan Miró rises up, have the charisma of their neighbour.

The land nowadays occupied by the Fira de Barcelona (trade fair) buildings was developed on the occasion of the 1929 Exposition, with the idea of converting Montjuïc into an urban park in counterpoint to the Parc de la Ciutadella created for the previous Exposition of 1888. The **palaces of Alfonso XII and of Queen Victoria Eugenia** (140), two *noucentista* works by Josep Puig i Cadafalch, and above all the **Palau Nacional** (141), which Italian architect Gae Aulenti is converting to become the new Museu d'Art de Catalunya, stand out from their neighbours, crowning the view from remodelled Avda. de Maria Cristina. The museum will house, amongst other things, the existing collections of Romanesque art, considered to be

Impresiona comparar la arquitectura *pompier* de la época que rodeara la construcción del **pabellón de Mies van der Rohe** (142), una de las obras de más trascendencia de la arquitectura del siglo XX y que, en el momento de su construcción, pasó sin pena ni gloria. Auténtica pieza maestra, el pabellón de Mies representa la mejor metáfora de la casa moderna, el templo de una nueva concepción del trabajo. Con sus pilares exentos y su continuidad espacial, Mies inaugurará con él, el camino que seguirá en su producción americana. Con independencia de si es lícito haber recuperado una obra que se pensara efímera.

Coronando la montaña se encuentra el Anillo Olímpico cuyo diseño, de los arquitectos Federico Correa y Alfonso Milá, es fruto de uno de los pocos concursos que se han convocado últimamente en Barcelona. El Anillo alberga, como piezas principales, el **Estadio Olímpico** (143), el **Palau de Sant Jordi** (144) y el **pabellón del INEM**. El proyecto de Gregotti para el estadio pasa por conservar el perímetro y fachada del antiguo estadio que se construyera con motivo de la Exposición del 29. El proyecto construido hunde casi 12 metros el terreno original para aumentar la capacidad del viejo estadio, hasta los 65.000 espectadores que tendrá ahora pretendiendo, además, recuperar la idea de los estadios abiertos de la Grecia clásica. Del Palau Sant Jordi del japonés Arata Isozaki cabría resaltar la espectacular técnica de su cubierta que fue construida en el suelo para ser izada después, mediante unos mecanismos hidráulicos, hasta su posición actual. Huelgan comentarios de las tres últimas realizaciones que el Taller de Arquitectura de Ricardo Bofill está llevando a cabo, animado tras sus éxitos en el vecino país. Aconsejamos, tras la visita a la zona, seguir hasta la **Fundació Miró** (145), magnífica obra de J. Ll. Sert de los años setenta, que ha sido recientemente ampliada para exhibir nuevas colecciones del pintor, por el arquitecto Jaume Freixa.

Si los mercados son el estómago de una ciudad, conviene visitar también los cementerios para observar como se trata, en uno y otro caso, a los vivos y a los muertos. Detrás, al otro lado del impresionante Cementiri del

among the finest and best conserved in the world.

There is a striking contrast between the surrounding *pompier* architecture of the period and the **pavilion built by Mies van der Rohe** (142), one of the most important examples of 20th century architecture, although it went largely unremarked at the time of construction. An authentic masterpiece, Mies' pavilion is the perfect metaphor for the modern house, a temple to a new conception of work. With its freestanding pillars and spatial continuity, it marks the beginning of the path Mies was to follow in his work in the United States, quite independently of whether or not it is legitimate to reconstruct a building intended to be temporary.

Sitting like a crown on top of the hill is the Olympic Ring, its design, by architects Federico Correa and Alfonso Milá, the result of one of the few competitions held in Barcelona in recent years. This Olympic Ring will consist, primarily, of the **Estadi Olimpic** (143), the **Palau de Sant Jordi** (144), and the **INEM pavilion**. Gregotti's project for the stadium includes the conservation of the original perimeter and facade of the old stadium built for the 1929 Exposition. The new construction will sink the floor of the arena 12 metres into the ground to augment the seating capacity of the old stadium to accomodate the total of 65,000 it is designed to hold, as well as returning to the classical Greek idea of the open-air stadium. Of special note is the spectacular technique the Japanese Arata Isozaki employed in roofing the Palau: the roof was assembled on the ground and then raised hydraulically into possition. There is no need to comment on the latest projects being carried out by Ricardo Bofill's Taller de Arquitectura, inspired by their successes in France. After exploring the Olympic area, we would suggest continuing the visit to the **Fundació Miró** (145), a magnificent project by J. Ll. Sert from the seventies, recently extended to display additions to the collection of Miró's work by the architect Jaume Freixa.

If a city's markets are its stomach, it is also interesting to visit its cemeteries to observe the respective treatments accorded to the living and the dead.

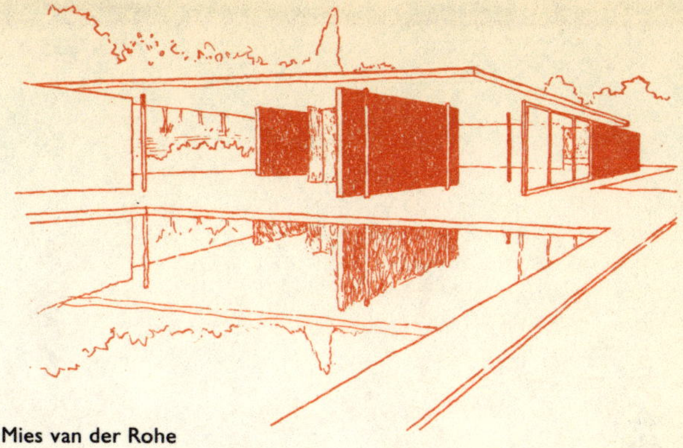

Pabellón Mies van der Rohe

Sudoest, se halla el **Fossar de la Pedrera** (146), tumba homenaje de claras connotaciones scarpianas al que fuera uno de los presidentes de la Generalitat. Su autora es la arquitecto Beth Galí.

To the rear and to one side of the impressive Cementiri del Sudoest is the **Fossar de la Pedrera** (146), a tomb with clear Scarpian connotations raised in honour of a past President of the Generalitat by the architect Beth Galí.

NOTA

Con frecuencia los viajes de estudio duran una semana. Estos cinco itinerarios han sido preparados para poderse realizar en seis días completos, de manera totalmente independiente. Por supuesto, si se dispone de menos tiempo o de menos ganas, en un día se puede visitar la Villa Olímpica, el Parc del Clot, la Sagrera, la Via Julia, el velódromo y el Parc de la Creueta del Coll, por la mañana, y dejar para la tarde la Plaça dels Països Catalans, el pabellón de Mies van der Rohe y la Anella Olímpica, para hacernos una idea de los nuevos espacios urbanos.
Si el interés se centra en los edificios, hacerse una idea de Gaudí puede llevar el día entero. Aunque también se puede visitar el barri gótico por la mañana y dejar, para la tarde, la Pedrera, la Casa Batlló, la Sagrada Familia y, si me apuran, hasta el Parc Güell. Me parece imprescindible entrar en Santa Maria del Mar y en las Drassanes. Doy por supuesto que visitarán el Museu Picasso y alguno, incluso, la Fundació Miró.

NOTE

Study trips very often last a week. These five itineraries have been drawn up so as to take up six full days, each quite independently of the others. If the visitor has less time, or less inclination, they can of course be telescoped, visiting the Olympic Village, the Parc del Clot, the Sagrera District, the Via Julia, the velodrome and the Parc de la Creueta del Coll in a morning, and leaving the Plaça dels Països Catalans, the Mies van der Rohe pavilion and the Olympic Ring for the afternoon, to give some idea of the new urban spaces.
For the visitor interested primarily in buildings, a whole day might be necessary to get an idea of Antoni Gaudí's work, although it would also be possible to visit the Barri Gòtic in the morning, and then the Pedrera, the Casa Batlló, the Sagrada Familia and, at a pinch, the Parc Güell too, in the afternoon. In my view, it is absolutelly essential to see the interior of Santa Maria del Mar and the Drassanes. I take it for granted that a visit to the Museu Picasso will be on everyone's itinerary, and that one or two will also include the Fundació Miró.

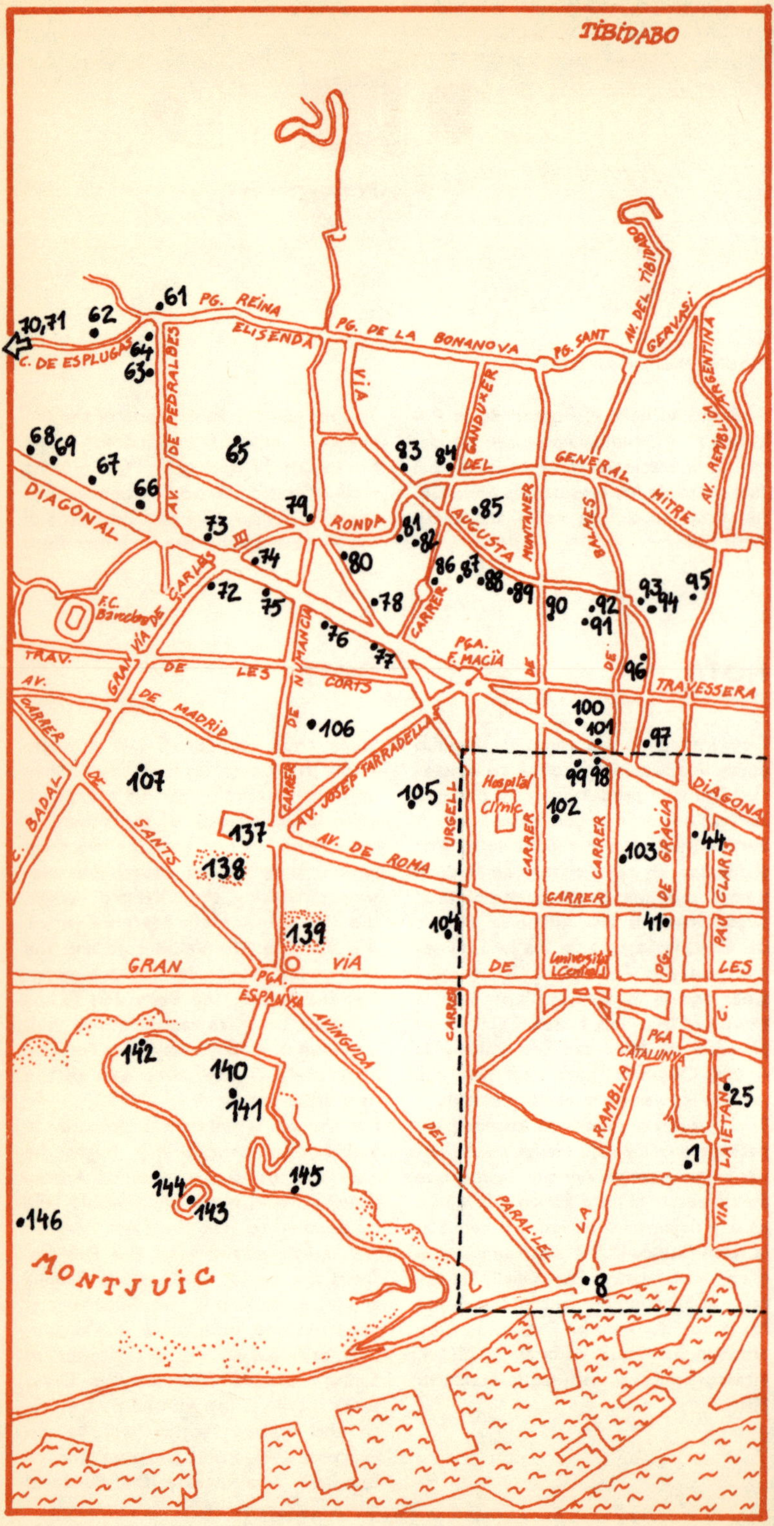
TIBIDABO
AV. DEL TIBIDABO
PG. REINA ELISENDA
PG. DE LA BONANOVA
PG. SANT GERVASI
AV. REPÚBLICA ARGENTINA
C. DE ESPLUGAS
AV. DE PEDRALBES
VÍA AUGUSTA
CANDUXER
RONDA DEL GENERAL MITRE
DIAGONAL
GRAN VIA DE CARLES III
F.C. Barcelona
MUNTANER
BALMES
CARRER
PGA. F. MACIÀ
TRAV. DE LES CORTS
AV. DE MADRID
DE NUMANCIA
CARRER DE BADAL
DE SANTS
AV. JOSEP TARRADELLAS
TRAVESSERA DE GRÀCIA
URGELL
Hospital Clínic
AV. DE ROMA
CARRER
PG. DE GRÀCIA
PAU CLARIS
GRAN VIA DE LES
Universitat (Central)
PGA. ESPANYA
AVINGUDA DEL PARAL·LEL
PGA. CATALUNYA
RAMBLA
LA
VIA LAIETANA
C.
MONTJUIC
70,71
61
62
64
63
65
66
67
68
69
73
72
74
75
79
80
76
77
78
81
82
83
84
85
86
87
88
89
90
91
92
93
94
95
96
97
100
101
98
99
102
103
44
41
104
105
106
107
137
138
139
140
141
142
143
144
145
146
25
1
8

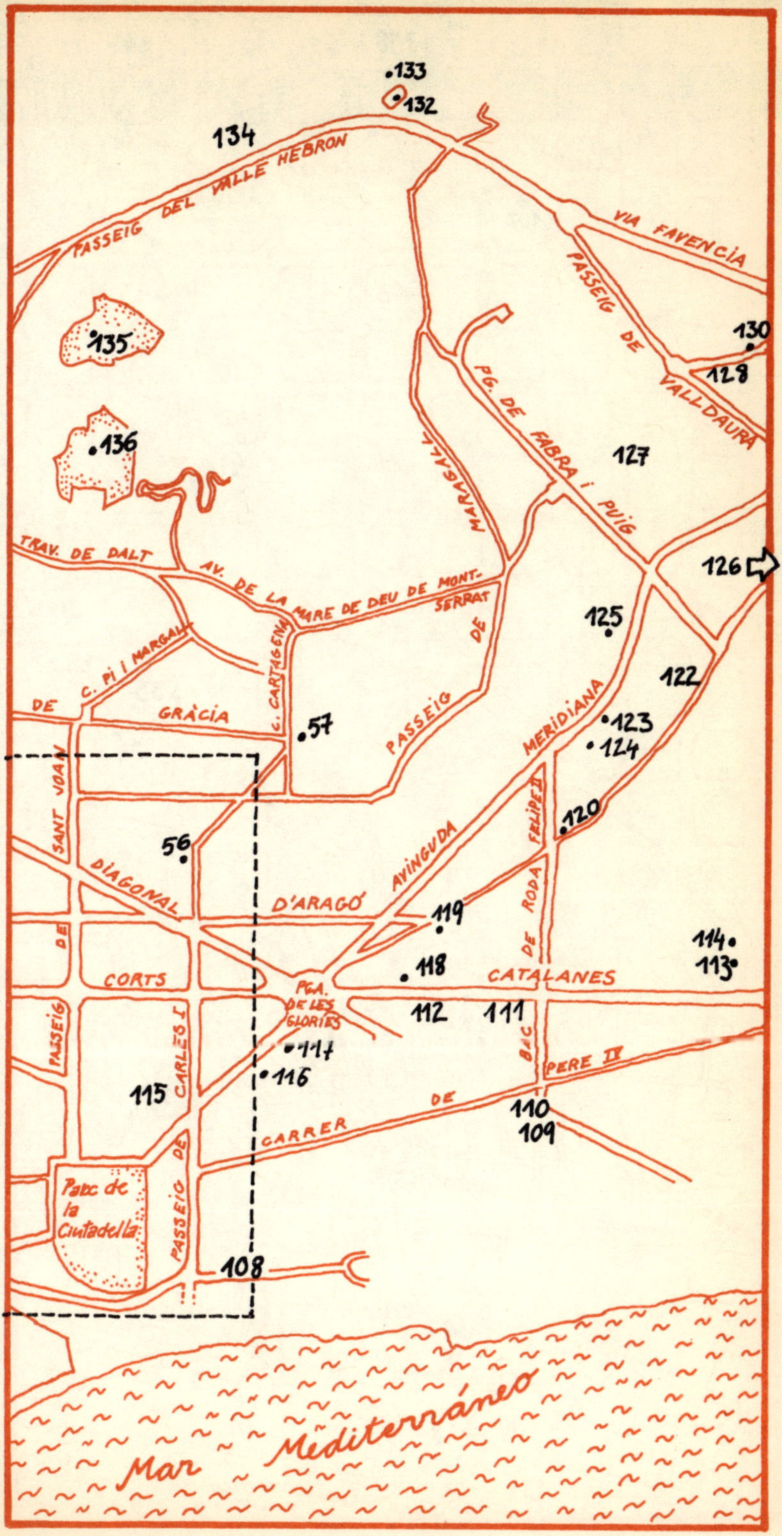
133
132
134
PASSEIG DEL VALLE HEBRON
VIA FAVENCIA
PASSEIG DE VALLDAURA
130
128
135
136
PG. DE FABRA I PUIG
127
MARAGALL
TRAV. DE DALT
AV. DE LA MARE DE DEU DE MONTSERRAT
126
125
C. PI I MARGALL
C. CARTAGENA
PASSEIG DE
122
DE GRÀCIA
57
MERIDIANA
123
124
SANT JOAN
FELIPE II
120
56
DIAGONAL
AVINGUDA
D'ARAGÓ
RODA
119
DE
114
113
CORTS
PGA. DE LES GLORIES
118
CATALANES
112
111
PASSEIG
CARLES I
117
116
BAC
PERE IV
115
110
109
DE
CARRER
Parc de la Ciutadella
PASSEIG DE
108
Mar Mediterráneo

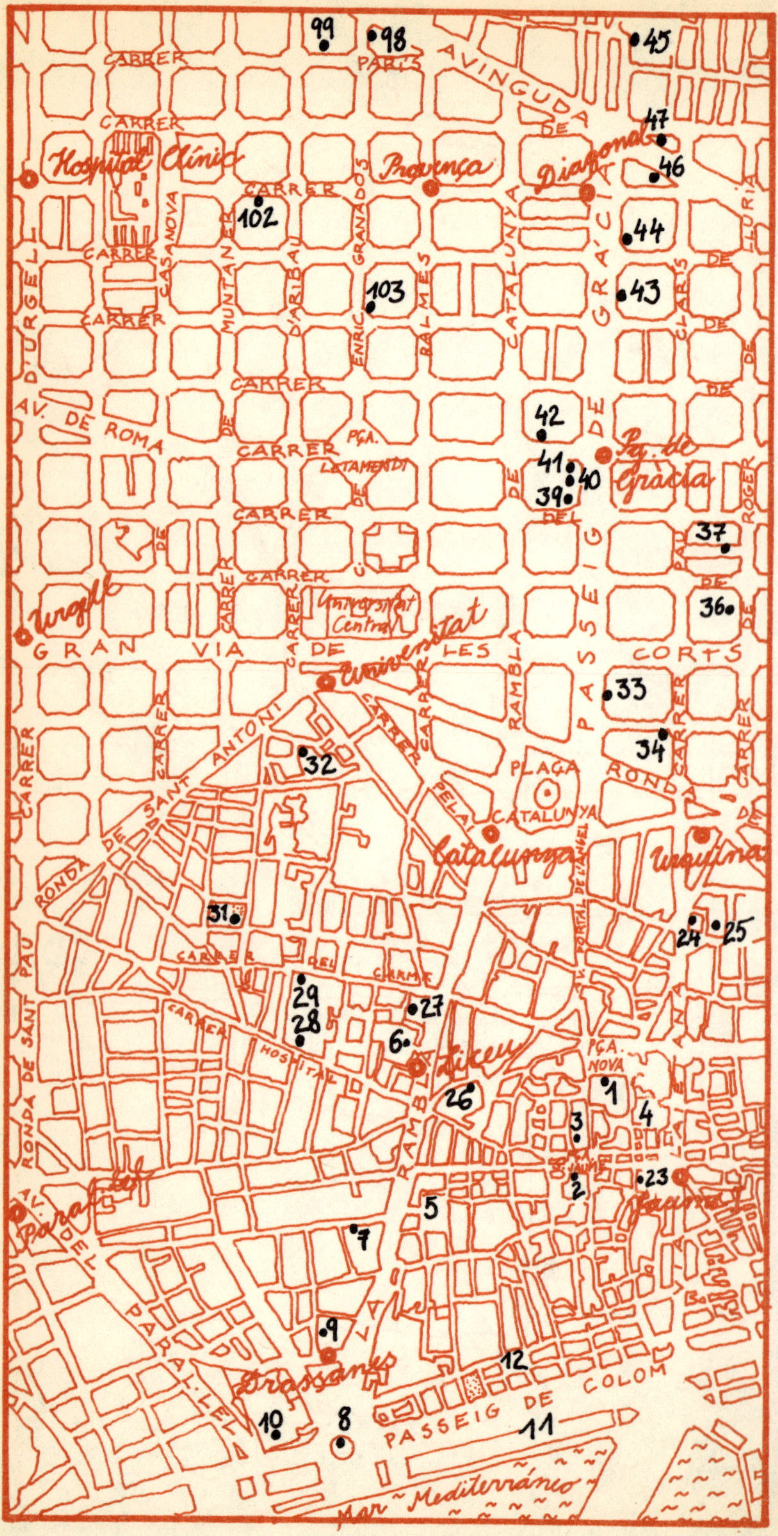
CARRER
PARÍS
AVINGUDA
DE
Diagonal
Hospital Clínic
Provença
CASANOVA
MUNTANER
D'ARIBAU
ENRIC GRANADOS
BALMES
RAMBLA DE CATALUNYA
PASSEIG DE GRÀCIA
Pg. de Gràcia
CLARÍS
LLÚRIA
ROGER DE
D'URGELL
AV. DE ROMA
PÇA. LETAMENDI
Universitat Central
Urgell
GRAN VIA DE LES CORTS
Universitat
CARRER PELAI
SANT ANTONI
RONDA DE SANT ANTONI
PLAÇA CATALUNYA
Catalunya
Urquinaona
RONDA
CARRER DEL CARME
CARRER HOSPITAL
Liceu
PÇA. NOVA
PORTAL DE L'ANGEL
RONDA DE SANT PAU
Paral·lel
AV. DEL PARAL·LEL
RAMBLA
Jaume I
Drassanes
PASSEIG DE COLOM
Mar Mediterráneo
99
98
45
47
46
102
44
103
43
42
41
40
39
37
36
33
34
32
31
24
25
29
28
27
6
26
1
3
4
2
23
5
7
9
12
10
8
11

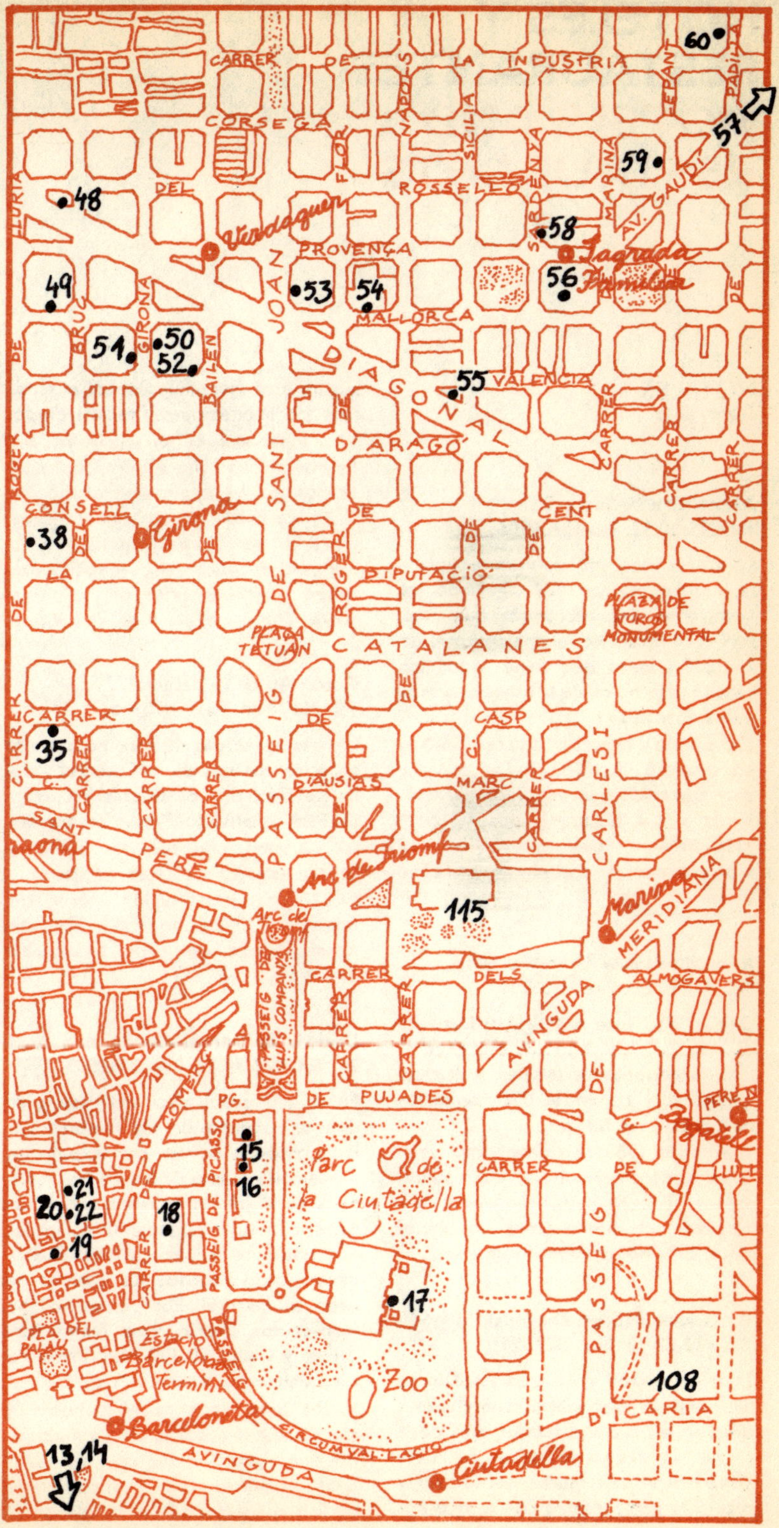
CARRER DE LA INDUSTRIA
CORSEGA
ROSSELLO
PROVENÇA
MALLORCA
VALENCIA
D'ARAGÓ
CONSELL DE CENT
DIPUTACIÓ
CATALANES
CASP
D'AUSIAS MARC
SANT PERE
PLAÇA TETUAN
PLAZA DE TOROS MONUMENTAL
PASSEIG DE SANT JOAN
DIAGONAL
AV. GAUDI
CARRER DELS ALMOGAVERS
AVINGUDA MERIDIANA
PASSEIG DE LLUÍS COMPANYS
PG. DE PUJADES
PASSEIG DE PICASSO
Parc de la Ciutadella
Zoo
PLA DEL PALAU
Estació Barcelona Termini
CIRCUMVAL·LACIÓ
AVINGUDA D'ICARIA
PASSEIG DE CARLES I
Verdaguer
Sagrada Família
Girona
Arc de Triomf
Marina
Barceloneta
Ciutadella
Urquinaona
CARRER DE PERE IV
BAILEN
GIRONA
BRUC
LLURIA
ROGER DE LLURIA
ROGER DE FLOR
NAPOLS
SICILIA
SARDENYA
MARINA
LEPANT
PADILLA
COMERÇ
C. TRAFALGAR
C. RAMON TURRO
48
49
50
51
52
53
54
55
56
57
58
59
60
38
35
115
15
16
17
18
19
20
21
22
13,14
108

HOTELES Y RESTAURANTES
HOTELS AND RESTAURANTS

HOTELES
HOTELS

Alexandra Mallorca, 251.
Tel. 215 30 52. Fax. 2166506.

En un céntrico edificio de nueva planta, construido en 1987 siguiendo las normativas arquitectónicas que preservan el Eixample, está este hotel de 75 habitaciones que tiene todos los requisitos propios de la hostelería moderna. Precio alto.
Ocuppying a centrally situated building constructed in 1987 in accordance with the traditional architectonic standards of the Eixample, this 75-room establishment has everything you would expect of a modern hotel. The prices are high.

Avenida Palace Gran Via, 605.
Tel. 301 96 00. Fax. 3181234.

Desde 1952 este prestigioso hotel es uno de los más céntricos e impactantes. Impresionantes salones, escaleras, alfombras y columnas. 210 habitaciones. Precio moderado.
Opened in 1952, this prestigious hotel is extremely central and impressively stylish. The lounges, the stairs, the carpets and the columns are all of note. 210 rooms. Reasonable prices.

Barcelona Hilton Diagonal, 589-591.
Tel. 419 22 33. Fax. 3225291.

De Helio Piñón y Alberto Viaplana es este edificio minimalista superelegante ubicado en la zona más en alza de la ciudad. La decoración típica de la cadena Hilton deja mucho que desear y más si la comparamos con lo que nos augura este rascacielos desde el exterior. 290 habitaciones. Precio elevado.
This super-elegant minimalist building by Helio Piñón and Albert Viaplana is situated in the upper part of the city. The standard Hilton decor leaves much to be desired, especially when contrasted with the expectations raised by the exterior of this tower block. The prices are high. 290 rooms.

Colón Av. de la Catedral, 7.
Tel. 301 14 04. Fax. 3172915.

Lo más apreciado de este hotel es su situación delante de la Catedral y del Barrio Gótico. Confortable y correcto. Parking privado. Precio moderado.
Its situation, opposite the Cathedral on the edge of the Gothic Quarter, is one of the most highly appreciated features of this comfortable, well-run hotel. Private car park. Reasonable prices.

Condes de Barcelona Pg. de Gràcia, 75. Tel. 487 37 37. Fax. 2160835.

En la zona privilegiada del Passeig de Gràcia, rodeado de los mejores comercios de la ciudad, este exponente modernista es uno de los hoteles favoritos de la jet-set internacional. Cien habitaciones, perfectamente equipadas y restaurante y bar cuidadosamente decorados. Fastuosos los cuartos de baño de mármol. Los perros no son bienvenidos. Precio altos. Suites Barcelona y Gaudí 38.300 Ptas. Proyecto José Juanpere y Antonio Puig.
In the prestigious neighbourhood of the Passeig de Gràcia, in the midst of the finest shops in the city, this *Modernista* building, with its one hundred perfectly equipped rooms and care-

fully decorated restaurant and bar, is one of the favourite hotels of the international jet-set. The marble bathrooms are magnificent. Dogs are not welcome. The prices are high, with the charge for the Barcelona and Gaudí suites 38,300 ptas a night. The design project is the work of José Juanpere and Antonio Puig.

España Sant Pau, 9-11. Tel. 318 17 58.

En esta vieja gloria modernista cercana a las Ramblas se hospedaron en tiempos pasados celebridades del mundo artístico de paso por Barcelona. Algo deteriorado en la actualidad, tiene sin embargo el orgullo de haber sido decorado por una figura clave del Modernismo catalán, Lluís Domènech i Montaner, con valiosos trabajos de ebanistería y cerámica y una monumental chimenea-escultura realizada por Eusebi Arnau. Las habitaciones son poco atractivas, pero el precio lo justifica todo: una individual no alcanza las 3.000 ptas. por noche.
Show business celebrities and famous artists passing through Barcelona used to stay in this *Modernista* gem just off the Ramblas. Now somewhat rundown, it can nevertheless boast interiors decorated by one of the key figures of Catalan *Modernisme*, Lluís Domènech i Montaner, with wonderful work in wood and ceramics, and a monumental sculpted fireplace by Eusebi Arnau. The rooms are not very attractive, but the prices excuse everything: a single room can be had for less than 3,000 ptas a night.

Gran Derby Loreto, 28.
Tel. 322 32 15. Fax. 4100862.

Para los que valoran la comodidad sobre todas las cosas, este hotel de estilo inglés remodelado en 1988, es ahora mismo uno de los más recomendables. Tranquilo aunque bien comunicado; acogida muy atenta. 116 habitaciones. Parking privado. Precios moderadamente altos.
For those who value comfort above all else, this hotel in the English style, refurbished in 1988, is now one of those to be recommended. Quiet yet well-communicated, the atmosphere is welcoming and attentive. 116 rooms, private car park. Prices are moderately high.

Meliá Barcelona Sarrià Av. Sarrià, 48-50. Tel. 410 60 60.

Situado en la zona alta de la ciudad, muy cerca de la Diagonal, este hotel es especialmente recomendable para ejecutivos con prisas y personas que deseen estar muy bien atendidas. Sus famosos *brunchs* convocan cada domingo por la mañana a la jet-set barcelonesa. La planta baja, recientemente remodelada, es obra de MBM. Tiene 315 habitaciones. Precios razonablemente altos y precio especial por fin de semana.
Situated in the upper part of the city, very close to the Diagonal, this hotel is particularly recommended for executives on tight schedules and for people who like to be looked after well. Its famous Sunday morning brunches draw the Barcelona jet-set. The recently renovated ground floor is the work of Oriol Bohigas. The hotel has 315 rooms. The prices are reasonably high, with a special offer for weekends.

Park Putxet Putxet 68-72.
Tel. 212 51 58. Fax. 4185157.

En un barrio tranquilo y muy bien comunicado está el práctico y funcional Apart-hotel Putxet. Terraza-restaurante panorámica. Frecuentado por deportistas y modelos. Sin excesos. Parking privado.
This practical and functional apartment-hotel is in the quiet but well-communicated Putxet neighbourhood, with a terrace-restaurant offering a panoramic view of the city. Frequented by sports personalities and models. Without excesses. Private car park.

Ramada Renaissance Rambla, 111.
Tel. 318 62 00. Fax. 3017776.

Uno de los favoritos de los famosos. Aquí se alojan estrellas como Michael Jackson y Bruce Springsteen y, debido a la proximidad del Liceu, cantantes de ópera como Plácido Domingo y Pavarotti.
Antiguo Hotel Manila, fue remodelado en 1988. Servicios sofisticados para los hombres de empresa y amantes de lujo exagerado: teléfono en los lavabos, Minitel en la habitaciones y business center dotado de ordenadores, fax y

servicio de secretarias. También reciben atenciones especiales los huéspedes inválidos. 210 habitaciones entre las que destacan las de no fumadores y la suite presidencial de 200 m^2. Precios elevados.

A favourite with the famous. Michael Jackson and Bruce Springsteen are among the stars to have stayed here, while its proximity to the Liceu opera house has brought it guests such as the singers Plácido Domingo and Pavarotti.

Formerly the Hotel Manila, the building was renovated in 1988, and now offers a sophisticated service for business people and lovers of unbridled luxury, with telephones in the bathrooms, Minitel in the rooms, and a business centre equipped with computers, fax and a secretarial service. The disabled and invalids can count on special attention here. The 210 rooms include a number reserved for non-smokers, and a 200 m.^{2} presidential suite. The prices are high.

Ritz Gran Vía, 668. Tel. 318 52 00. Fax. 3180148.

Inaugurado en 1919, cuenta con gran tradición y renombre en la ciudad. Dispone de 161 habitaciones, 5 suites y 1 suite real. Elegantes salones para convenciones, conferencias y conocidas celebraciones.

Equipamiento moderno dentro del más clásico estilo. Famosos de siempre se alojan en todas sus visitas e incluso algunos pasan largas temporadas.

Since it first opened its doors in 1919, this hotel has become a tradition in the city, enjoying considerable renown. There are 161 rooms, 5 suites and a royal suite, plus elegant reception rooms for conferences, congresses and celebrations of note.

The hotel's modern fittings are at home in the pure classical style of the setting, where the famous stay on their way through the city or take up residence for longer periods.

Rívoli Rambla Rambla, 128. Tel. 302 66 43.

Con la rehabilitación de este edificio de los años 30, Barcelona se ha ganado uno de los hoteles con más encanto. Alberto Esquerdo, el autor, ha evitado la ostentación y el barroquismo propios de un 4 estrellas. Las líneas son simples y el mobiliario, a tono con la arquitectura, está dentro de esa tendencia actual que toma referencias del Art-Déco, como las butacas «New York», de Nancy Robbins, que llenan la preciosa coctelería. 90 habitaciones, 14 de ellas suites. Magnífica terraza donde tomar el aperitivo y disfrutar de una vista maravillosa sobre el Casco Viejo o de una romántica noche de verano. Precios altos.

The renovation of this 30s building has given Barcelona one of its most charming hotels. The scheme, by Alberto Esquerdo, has managed to avoid the baroque ostentation often associated with 4 star hotels. The lines are simple, and the furnishings, in keeping with the architecture, evoke the Art Deco references prevalent in current tendencies: Nancy Robbins' «New York» armchairs, which fill the lovely cocktail bar, are a good example. There are 90 rooms, 14 of them suites, and a magnificent terrace on which to have an aperitif while you enjoy the marvellous view of the historic city centre or the romance of a summer night. The prices are high.

RESTAURANTES
RESTAURANTS

Asador de Aranda Av. Tibidabo, 31. Tel. 417 01 15.

En el marco de la Casa Roviralta, claro exponente del Modernismo catalán y obra de Joan Rubió, un restaurante especializado en cocina castellana: cordero asado, costillitas a la brasa, pimientos, chorizo, morcilla y pan de elaboración propia. La rehabilitación, llevada a cabo en 1988 por Vicenç Bonet, Miguel Milá y Antoni de Moragas, respeta al máximo el carácter del edificio, popularmente conocido como «El Frare Blanc». Ambiente ejecutivo. Precio medio 4.000 ptas. Cerrado domingos noche.

In the setting of the Casa Roviralta, a paradigm of Catalan *Modernisme* and the work of Joan Rubió, this is a restaurant specializing in Castilian cookery: roast lamb, grilled chops, peppers, *chorizo*, *morcilla* and bread baked on the premises. The conver-

sion, carried out in 1988 by Vicenç Bonet, Miguel Milá and Antoni de Moragas, respects the character of the building —populary known as «El Frare Blanc»— to the full. The atmosphere has an executive air. Average price -4,000 ptas. Closed Sunday night.

Azulete Via Augusta, 281.
Tel. 203 59 43.

Atravesando la planta baja de una torre modernista se accede al delicioso comedor-jardín de Azulete. En el camino tendrás ocasión de admirar el retrato que Oscar Tusquets pintó de Toya Roqué, que es quien te deleitará con sus creaciones. A modo de invernadero, una gran estructura de cristal que da una falsa sensación de bóveda aloja el gran comedor de ambiente chic e internacional. El proyecto les valió el premio FAD de Interiorismo a Oscar Tusquets, Ignacio Paricio y Pepe Cortés en 1983. Precios algo altos. Cerrado sábados al mediodía y domingos.
Visitors pass through the ground floor of a *Modernista* house to reach the delightful garden-dining area of the Azulete. On the way you have the opportunity to admire the portrait of Toya Roqué, the creator of the gastronomic delights awaiting you, by Oscar Tusquets. The spacious dining room, with its chic, international atmosphere, occupies a huge glass structure like a greenhouse, which gives the (false) impression of a dome. The project won Oscar Tusquets, Ignacio Paricio and Pepe Cortés the FAD Interior Design Prize in 1983. The prices are rather high. Closed Saturday lunchtime and Sunday.

La Balsa Infanta Isabel, 4.
Tel. 211 50 48/211 10 53.

Oscar Tusquets y Lluís Clotet idearon este maravilloso restaurante a partir de una antigua balsa existente en el tranquilo barrio de la Bonanova. Del pesado volumen cuadrado emerge una espectacular estructura de madera que alberga el comedor y dos terrazas con vegetación mediterránea, solicitadísimas en días soleados. En este espacio de efectos absolutamente sedantes, Memé López de Lamadrid cuida a su clientela con refinados platos de tradi-

ción catalana y norteña. De postre sugerimos el pecaminoso tocinillo de cielo. Ambiente elegante y burgués. Premio FAD de Arquitectura en 1978-79. Precio medio 3.000 ptas. Cerrado domingos y lunes mediodía.
Oscar Tusquets and Lluís Clotet came up with the idea for this marvellous restaurant based on an old *balsa* (or reservoir) in the quiet neighbourhood of Bonanova. Out of the heavy square volume a spectacular wooden structrue emerges, housing the dining room and two terraces abounding with Mediterranean plants, spaces much in demand on sunny days. In this absolutely soothing setting Memé López de Lamadrid pampers her clientele with refined dishes of Catalan and northern origin. For dessert, we suggest the positively sinful *tocinillo de cielo*, made from eggs and sugar. The atmosphere is elegantly bourgeois, and the scheme won the FAD Architecture Prize in 1978-79. Average price - 3,000 ptas. Closed Sunday and Monday lunchtime.

Brasserie Flo Jonqueres, 10.
Tel. 317 80 37.

A dos pasos del Palau de la Música se encuentra este precioso restaurante, ubicado en un edificio del siglo XIX e inspirado en las brasseries francesas de 1900. Sin embargo está lejos de ser una mera imitación del estilo que caracterizaba a la cadena Flo; Antoni de Moragas creó en 1982 un espacio confortable y sobrio a la vez, combinando básicamente motivos del modernismo catalán con elementos secesionistas. La carta incluye el típico choucroute alsaciano así como platos de tradición catalana y deliciosos postres. Precio medio 4.000 ptas. Abierto todos los días hasta la 1.00 de la madrugada.
Just a couple of steps from the Palau de la Musica, in a 19th century building, this lovely restaurant draws its inspiration from the French brasseries of

the turn of the century. However, it is far from being a mere imitation of the style which characterizes the Flo group of restaurants; Antoni de Moragas created this comfortable yet sober space in 1982, essentially combining motifs from Catalan *Modernisme* with Secessionist elements. The menu includes the typically Alsatian choucroute, as well as traditional Catalan dishes and delicious desserts. Average price: 4,000 ptas. Open seven days a week until 1 am.

Café de Colombia Iradier, 12. Tel. 418 75 04.

Esta feliz iniciativa del fotógrafo Toni Riera es actualmente uno de los restaurantes más bonitos de la ciudad, así como bonitas y conocidas son las caras que desfilan por él. Una cálida atmósfera con fragancias colonialistas de ficción domina este gran espacio ideado por Alicia Núñez. Impresionante cubierta acristalada y fantásticos murales de tormentas caribeñas. En el recogido cocktail-bar no sorprendería la presencia de un decadente Sir inglés... Platos sencillos de cocina mediterránea; buenísimo café. Inaugurado en 1989. Precio medio 2.500 ptas. Cerrado lunes.

This happy initiative of the photographer Toni Riera is at present one of the prettiest restaurants in the city, and the faces to be seen there are equally pretty and well-known. A warm atmosphere, with its colonial flavour straight from a novel, reigns in this roomy space, designed by Alicia Núñez. An impressive glazed roof, and fantastic murals of Caribbean storms... in the discreet cocktail bar you wouldn't be surprised to find some decadent English lord... Simple Mediterranean dishes; excellent coffee. Opened in 1989. Average price - 2,500 ptas. Closed Monday.

Flash-Flash La Granada del Penedès, 25. Tel. 237 09 90.

Pese a que su diseño, en el más puro estilo de transición entre los 60 y los 70, pronosticara lo contrario, el Flash-Flash es hoy un clásico y un punto de referencia obligado. Se produce un interesante fenómeno democrático en este local en blanco y negro donde el

voyeurismo y el exhibicionismo juegan un importante papel. Un mismo día se dan cita arquitectos, oficinistas, intelectuales, dúos de abuelitas, padres divorciados con niños, modelos y niñas bien guapísimas. En la carta, casi 100 tortillas y platos de temporada; sugerimos las hamburguesas. Interiorismo: Federico Correa y Alfonso Milá (1970). Fotografía: Leopoldo Pomés. Precio medio 2.500 ptas. Todos los días desde el mediodía hasta las 2.00 de la madrugada.

For all its design in the purest 60s-meets-70s style might suggest to the contrary, Flash-Flash is now a classic and an obligatory point of reference. An interesting democratic phenomenon takes place in this black-and-white setting in which voyeurism and exhibitionism play an important part. In a single day you can share the place with architects, office workers, intellectuals, pairs of little old ladies, divorced fathers with their children, models and girls who look as good as models. The menu has almost 100 different omelettes and seasonal dishes; we suggest the hamburgers. Interior design: Federico Correa and Alfonso Milá (1970). Photography: Leopoldo Pomés. Average price - 2,500 ptas. Open every day from noon till two in the morning.

Gambrinus Moll de la Fusta. Pg. Isabel II.

Junto con una serie de restaurantes y bares, el Gambrinus forma parte de un plan del Ayuntamiento llevado a cabo en 1988 con el fin de revitalizar el desaprovechado Passeig Marítim. Es cierto que la cocina marinera de este restaurante no está muy lograda, que los precios son algo exagerados y que el lugar es ruidoso, pero el diseño de Alfred Arribas y Javier Mariscal bien vale

un visita a este «chiringuito» de lujo. La barra en forma de barco, el muro de cristal esmerilado que desde el exterior crea la ilusión de enorme pecera llena de pulpos «mariscalianos» y de gente cenando, el gigantesco bogavante que corona el edificio como una falla valenciana... todo son alusiones al mundo marítimo en clave de humor. Incluso el deteriorado mobiliario de la terraza, para aperitivos y copas, parece estar hecho a base de restos de un naufragio. Público variopinto, más sofisticado en el comedor, con mobiliario de Pepe Cortés. Abierto hasta la 1 de la madrugada.

Along with a series of other restaurants and bars, the Gambrinus is part of a plan introduced by the City Council in 1988 to revitalize the underused seafront. It's true that the seafood in this restaurant is nothing to get excited about, that the prices are somewhat inflated and the place itself is noisy, but the design —by Alfred Arribas and Javier Mariscal— makes this de luxe snackbar worth a visit. The bar in the shape of a boat, the etched glass wall which from the outside gives it the appearance of an enormous fish tank full of Mariscal octopuses and diners, the giant lobster which crowns the building like a *falla*, a Carnival figure from Mariscal's native Valencia... everywhere there are humorous maritime allusions. Even the rusting, dilapidated furniture on the terrace seems to have been salvaged from a shipwreck. A varied clientele, more sophisticated in the dining room, furnished by Pepe Cortés. Open until one o'clock in the morning.

Hans Bar Muntaner, 473.
Tel. 211 17 13.

Un agradabilísimo bar-restaurante que tiene como vecina una de las más prestigiosas agencias de modelos. Así que no es extraño encontrarse entre la clientela, siempre en onda, a las más esculturales bellezas tomándose un aperitivo y departiendo con Hans. La cocina es correcta, aunque algo complicada en relación a la gratificante simplicidad de este local diseñado por Alicia Núñez. Música suave de los 60 te acompaña en la barra y unas enormes y muy logradas imágenes en blanco y negro con temática culinaria decoran el comedor. Diseño gráfico de Pati Núñez. Precio medio 3.000 ptas. Abierto todos los días hasta las 12.45 de la noche.

A very pleasant bar-restaurant, this has one of the most prestigious model agencies for a next-door neighbour. So there's nothing odd about finding, among the always fashionable clientele, the most statuesque beauty finishing an aperitif before going off with Hans. The food is good, if somewhat fussy in relation to the gratifying simplicity of the interior design, by Alicia Núñez. Soft, 60s music in the bar, while enormous and very effective black-and-white images with a culinary theme decorate the dining room. Graphic design by Pati Núñez. Average price - 3,000 ptas. Open seven days a week until 12.45 at night.

Madrid-Barcelona Aragó, 282.
Tel. 215 70 26.

Este es uno de esos restaurantes que nunca tendrán una estrella de la Michelin, pero ni falta que le hace. Aún se respira aquí un entrañable aire de posguerra, época que le vio nacer: barra de mármol, sillas de café de modelos variados, mantel blanco,... Una cocina tradicional catalana bien elaborada —potajes, arroz a la milanesa, fricandó,...— y un servicio encantador, de la vieja escuela, atraen cada mediodía a banqueros, ejecutivos y gente ligada profesionalmente al Passeig de Gràcia. Precio medio 2.500 ptas. Cerrado sábados noche y domingos.

This is one of those restaurants that will never get a star in the Michelin, but do very well without one. Here, you can still breathe the period charm of the postwar years when the place first opened: marble bar, café chairs of assorted types, white tablecloths... traditional Catalan cooking done well --potages, *risotto*, fricandeau...-- and delightful waiters, definitely of the old school, attract bankers, executives, the professional class from the Passeig de Gràcia, every lunchtime. Average price - 2,500 ptas. Closed Saturday night and Sunday.

Mordisco Rosselló, 265. Tel. 218 33 14.

Una cocina de capricho, sin pretensiones gastronómicas, pero totalmente

eficaz, es lo que sirve este restaurante en el que los más venerados diseñadores gráficos coquetean con niños bien y viceversa ante sofisticados bocadillos y pecaminosos surtidos de ensaladillas. Sandra Tarruella es la responsable de su diseño, moderno, pero no imponente y con una relación función/forma muy conseguida. Artistas como Barceló, Peret, Mariscal y Ferrater —clientes habituales— están presentes en las paredes de este atractivo local, abierto desde la hora del desayuno hasta después de los espectáculos. Servicio excepcionalmente simpático. Diseño gráfico de Peret. Precio medio 2.000 ptas. Cerrado domingos.

The food served here is capricious, with no gastronomical pretensions but totally effective, in this restaurant where the most highly thought-of graphic designers flirt with gilded youth and vice versa in the midst of sophisticated sandwiches and salads that are pure temptation. Sandra Tarruella was in charge of the design, which is modern but not overwhelming, with a very successful relationship between form and function. Artists such as Barceló, Peret, Mariscal and Ferrater —regular customers— are represented on the walls of this attractive space, open from breakfast until after the shows come out. Exceptionally friendly service. Graphic design by Peret. Average price - 2,000 ptas. Closed Sunday.

Neichel Av. Pedralbes, 16 bis.
Tel. 203 84 08.

Un restaurante decorado con perfecta armonía con la excelente *nouvelle cuisine* de Jean-Louis Neichel, siempre a la búsqueda de la perfección. Ambiente elevado, como elevados son los precios. Menú degustación (mínimo 2 personas) por 5.500 ptas. Interiorismo de Miguel Espinet y Toni Ubach (1981). Pinturas de Maria Girona. Cerrado domingos y festivos. ¡Reservar mesa!

A restaurant whose decor is in perfect harmony with Jean-Louis Neichel's Nouvelle Cuisine, always seeking after perfection. The atmosphere is somewhat elevated, as are the prices. A selection of the house specialities (2 persons minimum) will come to 5,500 ptas. Interior design by Miguel Espinet and Toni Ubach (1981). Paintings by Maria Girona. Closed Sunday and holidays. Book your table in advance!

Network Diagonal, 616.
Tel. 201 72 38.

Con la luna y la gran bola del mundo como preámbulo, uno se siente como el Harrison Ford de Blade Runner en esta inquietante atmósfera impregnada de una estética entre *destroy* y *high-tech*. Pero los yuppies y aspirantes a serlo que comen a la luz de los monitores nos devuelven a la realidad: nos encontramos en un bar-restaurante musical muy diseñado por Eduard Samsó y Alfred Arribas. Una copa por la noche en la barra —situada en el centro porque aquí lo importante es ver y ser visto— puede ser la solución adecuada para visitar el local sin necesidad de «padecer» su «cocina mundana». Aconsejada la visión de los lavabos unisex. Precio medio 3.000 ptas. Abierto todos los días; por la noche hasta las 2.

With the moon and the great globe of the world for openers, it's hard not to feel like Harrison Ford in Blade Runner in this disquieting setting, permeated by an aesthetic somewhere between «destroy» and high-tech. However, the yuppies and would-be's eating by the light of the TV monitors bring you back to reality: this is a thoroughly designed bar-restaurant by Eduard Samsó and Alfred Arribas. A drink at the bar —located in the middle of the room, because what matters here is to see and be seen— might be the best way to visit the place without having to «endure» its «wordly cooking». The unisex toilets are worth a look. Average price - 3,000 ptas. Open seven days a week, at night until 2am.

Pekín Rosselló, 202. Tel. 215 01 77.

¡Al fin un restaurante chino sin la típica decoración kitsch oriental! Sin embargo, al traspasar la puerta, no cabe duda de que nos adentramos en un recinto evocador del mundo oriental, lleno de referencias abstractas a su cultura. Las paredes inclinadas, la profusión de maderas, el cobre y la cálida luz de las lámparas de alabastro crean un ambiente insólitamente íntimo en este chino postmoderno. Proyecto:

José Antonio Val (1987). Precio medio 3.000 ptas. Cerrado domingos noche.

At last a Chinese restaurant without the typical oriental kitsch! Nevertheless, as soon as you're in the door there's no doubt that you're entering the world of the East, full of abstract references to its culture. The slanting walls, the profusion of different woods, the copper and the warm light of the alabaster lamps give this post-modern Chinese restaurant an unusually intimate atmosphere. Project: José Antonio Val (1987). Average price - 3,000 ptas. Closed Sunday night.

7 Portes Pg. Isabel II, 14.
Tel. 319 30 33/46.

Este emblemático establecimiento forma parte de los últimos 150 años de historia de la ciudad. La importante remodelación llevada a cabo por Federico Correa y Alfonso Milá recuperó en 1980 el encanto de este maravilloso espacio ochocentista desvirtuado con el paso de los años. Al restaurante de toda la vida acuden barceloneses, catalanes y extranjeros para disfrutar de sus famosas abundantes raciones, sus arroces y sus excelentes pescados y mariscos. Podrás sentarte en el sitio que en su día ocuparan Ava Gardner, Picasso o Einstein, entre otros. Precio medio 3.000 ptas. Abierto todos los días de 13 a 1 de la noche.

This emblematic establishment has been part of the city's history for 150 years. The major refurbishment by Federico Correa and Alfonso Milá in 1980 restored the charm of this marvellous 19th century space, which had been allowed to deteriorate over the years. Barcelonese, Catalans and foreigners flock to this restaurant of a lifetime to enjoy its notoriously generous helpings, rice dishes and excellent fish and seafood. You can sit in a chair once occupied by Ava Gardner, Picasso, Einstein or some other great name. Average price - 3,000 ptas. Open seven days a week from 1pm to 1am.

Ticktacktoe Roger de Llúria, 40.
Tel. 318 99 43.

Exponente de la desbordante euforia que vive hoy el diseño de espacios lúdicos —amplio muestrario de materiales y formas, como es de rigor—, el Ticktacktoe es considerado un local de gusto dudoso por los exquisitos de la profesión. Su propuesta, sin embargo, es interesante: un espacio único funciona al mismo tiempo como bar, restaurante y billar. La cocina, de mercado, se adecua a las exigencias de su clientela con platos como las verduras del tiempo al vapor, predilecto de yuppies y ejecutivos. En la barra, comidas por 1.200 ptas. y desayunos y tentempiés de 8 de la mañana a 1 de la madrugada. Billar y cócteles hasta las 3. Interiorismo: Manuel Ybargüengoitia y M.ª del Mar Nogués (1988). Precio medio 3.500 ptas. Cerrado domingos.

A prime example of the overflowing euphoria to be found in the design of recreational spaces nowadays —with the obligatory wide range of materials and forms— the Ticktacktoè is felt to be in rather doubtful taste by the more refined members of the profession. The programme is nonetheless interesting: a single space functions as bar, restaurant and billiard room. Fresh and unpretentious, the food in the restaurant caters to the tastes of its clientele with dishes such as steamed seasonal vegetables, a favourite with yuppies and executives. You can lunch or dine at the bar for 1,200 ptas, open for breakfast at 8 am and serving snacks through till one o'clock next morning. Billiards and cocktails until 3. Interior design: Manuel Ybargüengoitia and M.ª del Mar Nogués (1988). Average price -3,500 ptas. Closed Sunday.

El Tragaluz Pge. Concepció, 5.
Tel. 487 06 21.

La gestión a cargo del equipo de Mordisco, el diseño de Sandra Tarruella y Pepe Cortés, así como la imagen gráfica de Mariscal hacen que este restaurante doble, inaugurado en el verano de 1990, esté llamado a ser un «must» dentro del panorama culinario y social de Barcelona. Abajo, platos del día, a escoger de la pizarra, para gente con prisas (abierto hasta las 2 de la madrugada). Y arriba, la gran sorpresa: el espectacular tragaluz en invierno... o el cielo abierto en verano; un «invernadero» romántico y plácido entre el Passeig de Gràcia y la Rambla de Catalunya. Cocina afrancesada. Precio medio 4.000 ptas. Abajo, 2.000 ptas.

Being run by the team from the «Mordisco» and designed by Sandra Tarruella and Pepe Cortés, in addition to the graphic design by Mariscal, make this double restaurant, opened in summer 1990, a must on the culinary and social map of Barcelona. Downstairs, people in a hurry can choose one of the dishes of the day from the blackboard, while the great suprise is to be found upstairs: the spectacular skylight, in winter, or the open sky in summer; a romantic and tranquil glasshouse between the Passeig de Gràcia and the Rambla de Catalunya. French-style cooking. Average price: 4,000 ptas. Downstairs, 2,000 ptas.

La Vaquería Deu i Mata, 139-141. Tel. 419 07 35.

La extravagante miscelánea de estilos que domina este restaurante-coctelería crea un ambiente difícilmente clasificable: entre decadente y naif, postmoderno y barroco, todo ello revuelto y aderezado con el toque de sofisticación que necesita su clientela, principalmente altos ejecutivos, señoras con mayúsculas y parejas de «niños bien». Lo más logrado: los *trompe l'oeil*, representando alfombras y cortinajes sobre el cemento y las paredes envejecidas. Platos tradicionales, como los canelones, y de moda, como el carpaccio. Interiorismo de Estrella Salietti y María José Anklí (1989). Precio medio 3.500 ptas. Cerrado sábados mediodía y domingos. Por la noche, hay servicio de coctelería hasta las 2 h.
The atmosphere created by the extravagant mixture of styles which dominates this restaurant-cocktail bar is hard to classify: somewhere between decadent and naive, post-modern and baroque, all whisked up and seasoned with that touch of sophistication demanded by its clientele, mainly top executives, ladies with a capital L, and girls and boys with rich mummies and daddies. Best of all is the *trompe l'oeil* of carpets and curtains on the concrete floor and aged walls. Traditional dishes such as *cannelloni*, and fashionable ones like Carpaccio. Interior design by Estrella Salietti and Maria José Anklí (1989). Average price - 3,500 ptas. Closed Saturday midday and Sunday. Cocktails till 2am.

La Venta Dr. Andreu (final Tramvia Blau). Tel. 212 64 55.

La terraza de este restaurante situado al final del único tranvía que queda en la ciudad lo convierte en el favorito de muchos barceloneses, sobre todo en los días soleados de invierno. Nueva cocina. Cerrado domingos.
The terrace of this restaurant situated at the terminus of the last tram line in operation in Barcelona has made it a favourite with many of the city's inhabitants, especially on sunny winter days. Nouvelle cuisine. Closed Sunday.

Yamadory Aribau 68. Tel. 253 92 64.

El restaurante de Yuko y Yoshi Yamashita fue el primer japonés en Barcelona. La calidad de su cocina es excepcional: el típico sushi, las ensaladas maravillosamente aderezadas, las sopas que nos descubren mil sabores nuevos e incluso las espinas de pescado fritas. La presentación de los platos es elegantísima dentro del más puro estilo oriental. Existe un comedor japonés para seis comensales, no del todo apto para occidentales... Precio medio 4.000 ptas. Cerrado domingos.
Yuko and Yoshi Yamashita's was the first Japanese restaurant in Barcelona. The quality of the food is exceptional: the typical sushi, marvellously seasoned sauces, soups which offer a thousand new delights, even fried fish bones. The presentation of the dishes is in the most elegant of pure oriental style. There is also a Japanese dining room for six people, not to the taste of every westerner... Average price - 4,000 ptas. Closed Sunday.

La Barceloneta

Este pintoresco barrio marítimo, pequeño triángulo entre el puerto y la playa, ha ejercido siempre un fuerte poder de convocatoria sobre todos los barceloneses gracias a los merenderos de la playa de Sant Miquel, construcciones efímeras hasta ahora permanentes. Incomprensiblemente el actual programa urbanístico ha previsto su demolición por razones jurídicas y funcionales, así como su posterior reconstrucción, ya no en primera línea de la costa, que es contemplada con escepticismo por los amantes de este reducto tan representativo de la ciu-

dad. La Barceloneta alcanza su máximo atractivo en verano, cuando las terrazas se extienden sobre la playa y las comidas se prolongan hasta el atardecer. Confiando en que estas líneas no se conviertan en un homenaje póstu-

mo, sugerimos los siguientes restaurantes:

This picturesque seafront neighbourhood, a small triangle of land between the harbour and the beach, has always held a great attraction for the entire population of Barcelona thanks to the little restaurants on the Sant Miquel beach, temporary constructions which have somehow survived until now. Astonishlingly, the current urban design programme includes plans to demolish these restaurants, for legal and functional reasons, and subsequently have them rebuilt, but not right on the seafront as they now are; a scheme viewed with scepticism by lovers of this little bastion of the old Barcelona, so full of character. The Barceloneta is at its most charming in summer, when the terraces extend out onto the beach and lunch is drawn out till sunset. Trusting that these lines do not turn out to be a posthumous homage, we suggest the following restaurants:

Can Majó Almirall Aixada, 23. Tel. 310 14 55.

Aunque carece del encanto que supone estar en primera línea de la playa, probablemente sea la mejor dirección para el gastrónomo. Su carta ofrece pescados y mariscos y su especialidad son los *suquets* y arroces, todos extraordinarios. Cerrado lunes y festivos noche.

Although lacking the blessings of a location right on the beach, this is probably the best destination for the gastronome. The menu offers fish and seafood, and the specialities of the house are *suquets* and rice dishes, all of them extraordinary. Closed Monday and at night on holidays.

Casa Costa Judici, 14. Tel. 319 50 28.

Algunos barceloneses desdeñan este restaurante por el carácter populachero que le imprimen las numerosas comidas de grupo que se celebran aquí. Aparte de las vistas sobre el mar, el local no ofrece atractivo en sí, pero su cocina marinera es una de las más preciadas. Las frituras de pescado, son de excelente calidad. No en vano es el más conocido entre los extranjeros.

There are some Barcelonese who look down on this restaurant because of the «popular» character it is given by the many group dinners held here. Other than the view onto the sea, the place has little charm in itself, but its fish and seafood are among the best. The fried fish are excellent. It isn't the best known by visitors for nothing.

El Merendero de la Mari Platja de Sant Miquel, 20. Tel. 319 14 25-315 44 60.

Junto con El Salmonete, es el único con intención de diseño. El estudio DSAN, con Estrella Salietti y M.ª José Anklí al frente, ha proporcionado a este merendero un ligero matiz de sofisticación con el objeto de captar a la clientela más chic de la Barceloneta. Paellas, *fideuàs* y zarzuelas. Precio medio 3.000 ptas. Cerrado domingos noche y lunes.

This restaurant and El Salmonete are the only ones to have any kind of design. Studio DSAN, headed by Estrella Salietti and M.ª José Anklí, have given this beach restaurant a touch of sophistication, the better to boast the chicest clientele in the Barceloneta. *Paellas*, *fideuàs* and *zarzuelas* of fish and seafood. Average price - 3,000 ptas. Closed Sunday night and Monday.

El Salmonete Platja de Sant Miquel, 34. Tel. 319 50 32.

Es el favorito de la élite barcelonesa. Aquí coinciden diseñadores, fotógrafos, artistas y noctámbulos famosos. Evidentemente, cocina marinera. Precio medio 2.500 ptas.

The favourite of the Barcelona élite, where designers, photographers, artists and famous nightowls rub shoulders. Seafood, naturally. Average price - 2,500 ptas.

BARES, CAFÉS Y GRANJAS
BARS, CAFES AND MILK BARS

Bauma Roger de Llúria, 124.
Tel. 257 63 80.

Un viejo bar con camareros a la antigua usanza frecuentado casi de incógnito por artistas, intelectuales y diseñadores. Los rayos de sol consiguen hacerse paso entre los edificios del Eixample hasta alcanzar su terraza en la esquina Diagonal/Roger de Llúria.
An old bar, where the waiters are like waiters used to be, frequented, virtually incognito, by artists, intellectuals and designers. The sun's rays somehow find a way between the buildings of the Eixample to reach the bar's terrace on the corner of Roger de Llúria and Diagonal.

Bar del Bulevard Bulevard Rosa. Av. Diagonal, 472-474.

En medio de estas galerías de moda, una buena dirección para aquellos cuyo tiempo es oro. Al mediodía los profesionales más activos de esta zona comercial se escapan 5 minutos para saborear una ensaladilla, un sandwich o un plato rápido en la barra o en las mesas del Bulevard. Sin pretensiones, pero de calidad óptima.
In the middle of this fashionable arcade, a great stop for those whose time is precious. At lunchtime the most energetic professionals working in this shopping area slip out for five minutes to enjoy a salad, a sandwich or a quick snack at the bar or at one of the tables here in the Bulevard. Top quality without pretensions.

Boadas Cocktail Bar Tallers, 1.
Tel. 317 07 92.

M.ª Dolores Boadas, quien prácticamente creció en esta coctelería, ha sabido continuar la obra de su padre, Miguel Boadas, barman entusiasta y genial que se trajo aires de La Habana en los años 20. Este minúsculo triángulo que roza la Rambla desde 1933 está decorado al estilo déco de las coctelerías cubanas de los años 30 y con el paso del tiempo ha ido cubriendo sus paredes de cuadros y caricaturas dedicadas. La mejor hora es la del aperitivo que convoca a personajes de la vida cultural y política de la ciudad.

M.ª Dolores Boadas, who practically grew up in this cocktail bar, has proved a more than able succesor to her father, the genial, enthusiastic barman who gave the place a touch of Havana back in the 20s. This tiny triangle just off the Rambla was first done out in the deco style of the Cuban cocktail bars of the 30s in 1933, and over the years the walls have gradually been covered with a great variety of signed and dedicated pictures and caricatures. The best time for a visit is when personalities from the city's cultural and political life meet here for an aperitif before dinner.

La Bodegueta Rbla. Catalunya, 100.

Es lo que su nombre indica, una bodeguita, sin intención alguna en el diseño, pero con un éxito rotundo. Al mediodía y cuando cierran las numerosas tiendas de la zona, es el lugar elegido por gente del mundo de la moda para tomarse un vinito o una cerveza y degustar las magníficas *baguettes* con atún, jamón, queso,...
As its name indicates, this is quite simply a little bodega, which makes no attempts at design but is nonetheless a tremendous success. At lunchtime, or when the many shops round about close in the evening, this is the place where people from the fashion business meet for a glass of wine or a beer and savour the magnificent *baguettes* filled with tuna, ham, cheese...

Café de la Ópera Rambla, 74.

Bohemios y amigos de la Rambla contemplan desde las mesas de este café ochocentista el espectáculo fascinante que ofrece el paseo más popular y colorista de la ciudad.
Bohemians and their friends from the Rambla sit here and contemplate, from their tables in this nineteenth century café, the fascinating spectacle provided by the city's most popular and colourful thoroughfare.

Casa Fernández Santaló, 46.
Tel. 201 93 08.

Es la cervecería de moda en estos momentos. Uno puede tomarse unas deliciosas tapas en la barra acompañadas de la cerveza que más le apetezca o comer una pasta fresca o unos huevos fritos con chorizo en el comedor, compartiendo mesa con caras conocidas y observando el movimiento en la impecable cocina vista. Es un local dinámico donde las cajas de cerveza son además un elemento decorativo. De noche, desde la terraza, se puede disfrutar contemplando la galería de personajes y personajillos que circulan entre los vecinos Chipen, Gimlet y Marcel. Interiorismo: Marc Cuixart y Enric Granell (1989).
This beer bar is highly fashionable at the moment. You can sample the delicious tapas at the bar, accompanied by your favourite beer, or eat fresh pasta or fried eggs with *chorizo* in the dining room, where you might share a table with a well-known face or two, and watch the bustle in the impeccable kitchen, which is open to view. This is a dynamic, lively place where the beer crates, too, are a decorative element. At night, seated at one of the tables on the pavement, you can enjoy the spectacle of the famous and not-so-famous doing the rounds of the neighbouring Chipen, Gimlet and Marcel. Interior design: Marc Cuixart and Enric Granell (1989).

Estevet (Xampanyet) Montcada, 22.

Uno de los atractivos que ofrece la calle Montcada consiste en tomarse unas anchoas y una sidra en el Xampanyet, después de visitar el Museu Picasso, el Museu de la Indumentària o la Galeria Maeght.
En este bar tan auténtico con mostrador de mármol, botas de vino y *souvenirs* por las paredes, comparten mesa turistas jóvenes, gente refinada y del mundo del arte. No hay rótulo pero es fácil de dar con él. Abierto de 19 a 24.
One of the attractions which carrer Montcada has to offer is the chance to enjoy a plate of anchovies and a glass of cider in the Xampanyet after visiting the Picasso museum, or the costume museum, or the Galeria Maeght. Here in this authentic old bar with its marble counter and wine flasks and souvenirs on the walls, young tourists share their table with refined ladies and gentlemen and people from the art world. There is no sign outside, but the place is easy to find. Open from 7pm until midnight.

La Jijonenca Rambla Catalunya, 35.
Diagonal, 652. Tel. 301 91 96.

En verano, al caer la tarde, nadie se libra de sucumbir al encanto de la terraza de esta granja-heladería fundada en 1929. Es de rigor tomarse una horchata o un granizado en el ambiente festivo de uno de los paseos más concurridos y queridos por los barceloneses. En el interior, remodelado en 1983 por Angel Llasera, se sirven tortillas y otros platos rápidos. Al mediodía es frecuentado por ejecutivos, publicitarios y gente que trabaja en la zona. La nueva Jijonenca de Diagonal 652 ofre-

ce además copas y cuenta con un público a tono con su vecino Up&Down. Cocina hasta la 1.30 de la madrugada.
On summer evenings, nobody can resist the charm of the terrace of this ice cream parlour and milk bar, founded in 1929. The done thing is to have an *horchata* or an iced drink in the festive setting of one of Barcelona's busiest and best-loved pedestrian thoroughfares. Inside, in the interior remodelled by Angel Llasera in 1983, they serve omelettes and other quick snacks. At lunchtime the place is frequented by executives, advertising people, and others who work in the vicinity. The new Jijonenca at Diagonal 632 also serves drinks, and attracts a clientele in keeping with its Uptown location. Food until 1.30 in the morning.

José Luis Diagonal, 520.
Tel. 200 83 12.

Cervecería de lujo de ambiente chic y algo «amadrileñado» con terraza en la esquina de Diagonal/Tuset. Todo tipo de pinchos fríos y calientes; imprescindible probar los famosos «montaditos». Abierto todos los días de 8.30 de la mañana a 1.30 de la noche.
A luxurious beer bar with a chic, rather Madrid-style atmosphere, and tables outside on the corner of Diagonal and Tuset. Hot and cold snacks of every conceivable kind; the famous *montaditos* are a must. Open seven days a week from 8.30 in the morning until 1.30am.

Mas i Mas Còrsega, 300.
Tel. 237 57 31.

Los simpatiquísimos hermanos Mas sirven desayunos para los más madrugadores —desde las 7.30—, comidas para los más dinámicos y cenas para los más modernos hasta la 1.30 de la madrugada— en su café-casa de comidas al borde de la Rambla Catalunya.
Al mediodía, platos caseros por unas 900 pesetas y por la noche, cuando parte del café se convierte en bar de copas, la carta se hace también nocturna con unos platos más pretenciosos. Abierto todos los días. Interiorismo de sus propios dueños y diseño gráfico de Josep Bagà.
The ever-friendly Mas brothers serve breakfast to the early-risers from 7.30, lunch to the most dynamic, and dinner to the most modern —until 1.30 in the morning— in their café-diner just off the Rambla Catalunya. At midday, homely cooking for around 900 pesetas, and at night, when part of the café becomes a bar, the menu goes nocturnal, too, with rather more pretentious dishes. Open seven days a week. Interior design by the proprietors themselves and graphic design by Josep Bagá.

Mauri Rbla. Catalunya, 103.
Tel. 215 81 46.

El lugar ideal para una bien merecida merienda después de una extenuante tarde de compras. Voluptuosos sandwichs, croissants rellenos, chocolates y un extenso surtido de pastelería tientan a quien consigue sentarse en el salón de esta pastelería.
Ambiente familiar y de «consumidoras» de moda cargadas de bolsas. Abierto todos los días desde las 9 hasta las 21.
The ideal place for a well-earned snack after an exhausting afternoon's shopping. The voluptuous sandwiches, filled croissants, and an extensive assortment of cakes and pastries will tempt anyone who is lucky enough to find a seat in the tea room of this confectioner's. There is a relaxed, family atmosphere, in which fashionable shoppers sit surrounded by their purchases. Open seven days a week from 9am until 9pm.

La Pallaresa Petritxol, 11.
Tel. 302 20 36.

Ya que ir a merendar a una granja es toda una institución en Barcelona, La Pallaresa no podía faltar en esta lista. El éxito de sus suizos, ensaimadas, *menjar blanc*, platos de nata de verdad,... provoca el lleno total de este local cuya decoración ha recogido lo peor de cada época hasta resultar casi interesante. Su situación en el Casco Antiguo atrae a un público de lo más variado. Abierto todos los días.
Since going for a snack in a milk bar is such an institution in Barcelona, we couldn't leave La Pallaresa out of this guide. The quality of their pastries, *ensaimades*, *menjar blanc* dishes with

beautiful fresh cream... means that the place —with its decor testifying to the worst of each period, so that the final effect is almost interesting— is full at all times. Its situation in the historic centre attracts a highly varied clientele. Open seven days a week.

La Palma Espassaders, 3.

Oculto en una callejuela, a medio camino entre El Born y la Bolsa, este bar es frecuentado al mediodía por agentes de cambio y de noche por gente del mundo del arte y habituales. El local, de ligera inspiración años 30, tiene su encanto, aunque está algo deteriorado. El atractivo principal son los extraordinarios bocadillos preparados al instante. Además, muy buena música.
Hidden away in a lane, halfway between the Born and the Stock Exchange, during the day this bar is busy with brokers, while at night it is frequented by people from the art world and other regulars. The place itself, with its slightly 30s feel, has its own particular charm, although a little run down. The main attraction here are the extraordinary sandwiches, made fresh to order. The music, too, is excellent.

Turó Tenor Viñas, 1

El interés de este bar reside en su terraza, concretamente en el público que la frecuenta. A la hora del aperitivo y al final de la tarde la fauna más pija de la ciudad se da cita aquí para tomarse una tapa de tortilla de patatas o simplemente un agua mineral y «controlar» al personal que circula por la zona. Mucha niña mona, descapotables en doble fila y gafas de sol por doquier.
The interesting thing about this bar is its terrace, or rather the people who frequent it. At aperitif time and early evening the city's most «superior» *pijos* congregate here to nibble at a wedge of potato omelette or simply sip a mineral water and «check out» who's up to what in the area. Plenty of pretty little rich girls, double-parked convertibles and sunglasses everywhere you look.

Velódromo Muntaner, 211-213.

Sin habérselo propuesto, este café-bar de los años 40, muy al estilo de los casinos de posguerra, con paredes que amarillean y muebles desvencijados, goza de una fama envidiada por muchos y convoca a un público de lo más dispar. Cada noche entre semana, aficionados al billar y a la tertulia; durante el día, jubilados alrededor de los juegos de mesa; y el fin de semana por la noche, *teenagers* invadiendo los dos pisos, atraídos por whiskies económicos y alguna que otra tapa servida eficientemente por camareros sin florituras.
Without ever having set out to achieve it, this café-bar dating back to the 40s, very much in the style of a postwar *casino*, with yellowing walls and falling-apart furniture, enjoys a reputation which is the envy of more than a few and attracts a truly heterogeneous clientele. Every evening during the week, the place is full of those who come to play pool or converse; during the day, pensioners gather around cards, dominoes and board games; while on weekend nights both floors are invaded by teenagers, drawn by the inexpensive whisky and other drinks and the tapas, efficiently dispensed by unpretentious staff.

Viader Xuclà 4-6. Tel. 318 34 86.

A dos pasos de la Rambla, una de las granjas más antiguas y populares de la ciudad. Concurridísima en invierno principalmente, cuando todo el mundo acude a reconfortarse con bombas calóricas como los suizos, la crema catalana, las ensaimadas, las madalenas, el mató con miel,... Cerrado los domingos.
Two steps from the Rambla, this is one of the oldest and most popular milk bars in town. The place is particularly busy in the winter, when people come from all over the city to fortify themselves with calories in the form of sweet pastries, *crema catalana*, *ensaïmades*, madeleines, curd cheese with honey... Closed Sunday.

TIENDAS
SHOPPING

ACCESORIOS HOGAR
HOME ACCESORIES

Bagno Gran Via, 494. Tel. 254 64 90.

Saneamiento, grifería, revestimientos cerámicos y todo tipo de complementos para el baño. Aparte de firmas como Fire, Grohe, Vavit y Dolomite, Bagno tiene diseños propios como el fascinante lavabo de acero inoxidable, primera pieza de una línea de accesorios actualmente en proyecto. La concepción de los escaparates es de Ramón Pujol, vinculado también a Vinçon. El interiorismo y el logotipo fueron ideados por Isidre Rigau en colaboración con Eduard Samsó (1980).
Bathroom fittings, taps, ceramic tiles and accessories of every kind. In addition to «name» manufacturers such as Fire, Grohe, Vavit and Dolomite, Bagno has designs of its own like the fascinating stainless steel toilet bowl, the first in a series of pieces currently in preparation. The shelving and display scheme is by Ramón Pujol, who also has links with Vinçon. The interior design and the logo were created by Isidre Rigau, in collaboration with Eduard Samsó (1980).

Bolíbar Rbla. Catalunya, 43.
Tel. 317 45 16.

El escaparate de esta antigua ferretería-metalistería no ha sido diseñado precisamente por un especialista en marketing. Sin embargo es infinita su oferta de manecillas, tiradores, colgadores, barras para cortinas,... Las colas, también interminables, son buena prueba de ello.
The display window of this former ironmongers and hardware store wasn't exactly designed by a marketing specialist. Nevertheless, their range of doorknobs, handles, hooks and hangers, curtain rods, sold singly and in sets, is infinite... and the queues, which are similarly endless, prove it.

Cuchillería Roca Pl. del Pi, 3.
Tel. 302 12 41.

Si deseas que te aleccionen en el afeitado a navaja y además quieres ver un amplio surtido de herramientas de corte como tijeras, cuchillos e instrumentos de manicura, delante de la iglesia del Pi tienes esta tienda fundada en 1911.
If you'd like to be shown how to shave with an open razor, and at the same time you want to see an extensive selection of cutlery of all kinds, including scissors, knives and manicure implements, this shop, established in 1911, is the place: opposite the Sant Josep Oriol church.

Gastón y Daniela Pau Clarís, 171.
Tel. 215 32 17.

Una bonita fachada cubierta de yedra y azulejos distingue la tienda de esta firma especializada desde 1876 en tapicerías de corte clásico. La mayoría de los diseños son propios; la última tendencia está en la utilización de motivos antiguos en sus estampados.
A pretty, ivy-covered tiled facade distinguishes this retail outlet for a firm which has specialized in classic cut upholstery fabrics since 1876. Most of the designs are their own; the latest tendency is the use of old-fashioned motifs in their prints.

Habitacle Rbla. Catalunya, 118.
Tel. 415 34 52.

Accesorios de baño y de cocina, entre los que destacan los utensilios y el menaje de la firma alemana WMF. También vajillas de la Cartuja de Sevilla, de Mariscal para Bidasoa y simples, de loza blanca.
Kitchen and bathroom accessories, the kitchen utensils and equipment by the German firm WMF being of particular interest. They also have decorative tableware by Cartuja de Sevilla, by Mariscal for Bidasoa, as well as plain white china.

Konema Consell de Cent, 296/ Rbla. Catalunya. Tel. 317 69 44.

Un poco de todo: vajillas, cuberterías, floreros, grills, papelerías, accesorios para cocina y baño, regalos...
A little bit of everything: tableware, cutlery, vases and plant pots, grills, stationery, kitchen and bathroom accesories, gifts...

Neocerámica Mandri, 43.
Tel. 211 89 58.

Especialistas del pavimento y el revestimiento cerámicos. Tienen la exclusiva de distribución de firmas nacionales e internacionales como La Faenza, Montecchi y Antic Alfar de Santa Rufina. Las sillas «Gaulino» de Oscar Tusquets son el único mobiliario de la planta sótano, un espacio neutro creado por Miguel Milá en 1988. La planta baja fue proyectada por Antoni Bonamusa en 1969. Un cenicero en cada rincón invita a estudiar el muestrario sin prisas.
Specialists in ceramic floor and wall tiling, and the exclusive distributors for Spanish and international firms such as La Faenza, Montecchi and Antic Alfar de Santa Rufina. Oscar Tusquets' «Gaulino» chairs are the only furniture in the basement, a neutral area created by Miguel Milá in 1988. The ground floor was designed by Antoni Bonamusa in 1969. An ashtray in every corner lets you know you're welcome to study the samples here at your leisure.

Ràfols Bori i Fontestà, 4.
Tel. 200 95 32.

En un lujoso envoltorio muy adecuado al producto, la antigua firma Ràfols ofrece una lencería elegante y suntuosa elaborada con tejidos clásicos como el lino, el raso de algodón, el piqué y el organdí. Interiorismo de Miguel Bigas (1989). También tiene tienda en el Bulevard Rosa de Pg. de Gràcia, 53.
In luxurious surroundings very much in keeping with the merchandise, the long-established firm of Ràfols offers elegant, sumptuous drapery in classic fabrics such as linen, satin, piqué and organdie. Interior design by Miguel Bigas (1989). They also have a shop in the Bulevard Rosa, P. de Gràcia, 53.

Riera Pg. de Gràcia, 91. Tel. 215 14 13. Diagonal, 421. Tel. 218 39 29.

Probablemente la mejor dirección especializada exclusivamente en el arte de la mesa. Eso sí, hay para todos los gustos y no para todos los bolsillos: cristalería Boda, porcelana Wedgwood, Rosenthal, Bidasoa,... Muy buena atención al cliente.
Probably the best specialist shop dealing exclusively in tableware, which is elevated here to an art. There is no doubt that they cater to every taste, but not to every pocket: Boda crystal and glassware, Wedgwood china, Rosenthal, Bidasoa... and the staff are very attentive.

Servicio Estación Aragó, 270-272.

Tubos de goma de todos los diámetros, papel de embalar con burbujas, pavimentos sintéticos, todo tipo de contenedores de plástico, láminas de acero y de aluminio, material eléctrico, de ferretería, carpintería, menaje,... Entre los más inimaginables artilugios aquí seguro que darás al fin con esa pieza que tanto has buscado.
Rubber tubing in whatever thickness you need, air-bubble packaging, synthetic flooring, every conceivable kind of plastic container, steel and aluminium sheeting, electrical supplies, ironmongery, hardware... amongst all the unimaginable variety of gadgets here, you're sure to find the very thing you've been looking everywhere for.

Taller de Lencería Rosselló, 271.
Tel. 415 39 52.

En esta cautivadora tienda se confec-

ciona lencería y ropa de cama a medida y *prêt-à-porter* y se bordan iniciales al instante. Todo según diseños propios de inspiración antigua. También colecciones de Meye Maier. Interiorismo de Pilar Líbano (1988).

In this charming shop, where the bedclothes and table linen are made to order or can be bought «off the peg», they will embroider monograms while you wait. Everything made to their own traditional designs. They also stock Meye Maier. Interior design by Pilar Líbano (1988).

Tapicerías Gancedo
Rbla. Catalunya, 97 Tel. 215 21 08.
Johann Sebastian Bach, 9. Tel. 201 52 74.

Además del variadísimo catálogo en tapicería, Gancedo, una de las casas especializadas con más solera, ofrece también moquetas y papel pintado a juego. Si pasearse por esta tienda es un verdadero placer, elegir de entre sus numerosas colecciones puede convertirse en un auténtico problema, especialmente en Rbla. Catalunya.

In addition to an extremely varied selection of soft furnishings, Gancedo, one of the largest specialist shops, also sells matching carpeting and wallpapers. If a stroll around their premises is a real pleasure, choosing from amongst their numerous collections can turn into a genuine problem, especially in the Rbla. Catalunya branch.

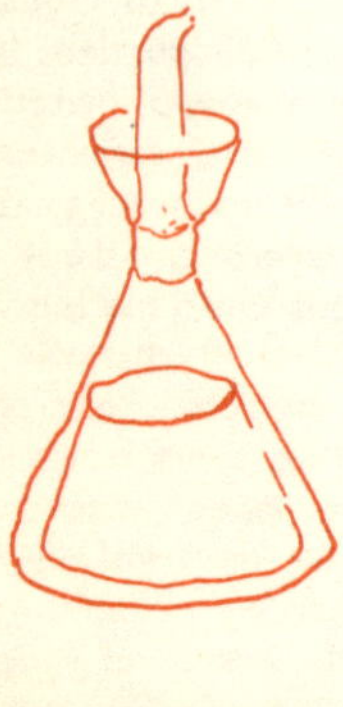

Vidosa Balmes, 335, 343.
Tel. 212 16 00.

Cientos de parejas han confiado su lista de bodas a esta tienda de electrodomésticos de la burguesía catalana. No es de «diseño» pero es la más fiable y completa en electrodomésticos para la cocina y el hogar y en equipos de HI.FI, televisores y videos.

Hundreds of couples have entrusted their wedding lists to this supplier of domestic appliances to the Catalan bourgeoisie. It is certainly nòt a «designer» store, but it does have the fullest and most reliable range of domestic appliances, white goods, Hi-Fis, televisions and videos.

Vinçon, ver *Diseño, mobiliario e iluminación.*

ANTICUARIOS
ANTIQUES

Camilla Hamm Rosselló, 197.
Tel. 218 22 11.

Entre tienda y galería de arte, este anticuario, decorado por Camilla Hamm con su inconfundible estilo chic, está especializado en muebles de los años 40 y 50, escogidos siempre con muy buen criterio. Entre las últimas curiosidades, una amplia colección Fornasetti. También se expone regularmente pintura contemporánea.

Part shop, part gallery, decorated by Camilla Hamm in her unmistakably chic style, this antique shop specializes in furniture from the 40s and 50s, always very carefully chosen. Among their latest curios is an extensive collection of Fornasetti. They also show contemporary painting on a regular basis.

Eupalinos Artesa de Segre, 5.
Tel. 211 94 46.

En la austeridad de este local de la zona alta lucen todo su esplendor los maravillosos «pedazos de mueble» seleccionados por Eupalinos. Piezas con clase, pertenecientes al período que va desde el cambio de siglo hasta los años 50; muy especialmente mobiliario y accesorios Art Déco y Thonet. También esculturas, como un precioso busto de Llimona.

The marvellous «pieces of furniture» selected by Eupalinos shine in their full splendour amid the austerity of their setting in this shop in the upper part

of the city. Pieces with class, belonging to the period from the turn of the century to the 50s; in particular, Art Deco and Thonet furniture and accessories. There is sculpture here, too, such as the lovely bust by Llimona.

La Inmaculada Concepción Rosselló, 271. Tel. 217 78 90.

Una de las pioneras en el mueble de recuperación: piezas modernistas y de estilo americano, mobiliario de oficina de los años 40 y 50. Excelente selección de grifería y accesorios de baño, antiguos, pero de primera mano.
This shop has been a pioneer in the field of restored furniture: some *Modernista* pieces; others in the American style; 40s and 50s office furniture. There is an excellent selection of antique, but unused, bath fittings and accessories.

Otranto Pg. Sant Joan, 142.
Tel. 207 26 97.

No busques escaparate, porque no existe. Otranto es un enorme almacén atiborrado de género de recuperación, cuya propia estética industrial le da carisma al local. Puertas con cristales biselados, chimeneas de mármol modernistas, multitud de elementos de decoración arquitectónica,... A las piezas reproducidas en la actualidad se suman las procedentes de las antiguas viviendas de la burguesía catalana del Eixample.
Don't look for the shop window, because there isn't one. Otranto is an enormous storeroom, stuffed full of all manner of objects saved from oblivion, whose industrial aesthetic gives the place its charisma. Etched glass doors, *Modernista* marble fireplaces, a host of decorative architectural elements... Alongside the contemporary reproductions are pieces from the houses of the old Catalan bourgeoisie in the Eixample.

Retorn Julián Romea, 4.
Tel. 237 79 47.

Divertidamente ecléctica; desde un mueble rústico y elegante hasta el objeto más decadente. Mobiliario Art Déco, en su mayoría procedente de Francia.
Entertainingly eclectic, the objects here range from elegant rustic furniture to the most utterly decadent pieces. Art Deco furniture, most of it from France.

Urbana Còrsega, 258. Tel. 218 70 36.
Séneca, 13. Tel. 238 18 06.

Una tienda-almacén con maravillosa decoración y escenografía realizadas por Dani Freixes y Vicente Miranda. Chimeneas, mostradores, butacas de cine, muebles de oficina en roble americano, baldosas, etc., todo recuperado de antiguas casas y restaurado. Muy interesante la reedición de sanitarios y accesorios de baño.
This marvellously laid out and decorated shop-cum-storeroom, the work of Dani Freixas and Vicente Miranda, has fireplaces, counters, old cinema seats, office furniture in American oak, floor tiles, and so on, all salvaged from old houses and restored. Their range of refurbished bathroom fittings and accessories is of great interest.

CARTELES Y POSTERS
PRINTS & POSTERS

American Prints Calvet, 63.
Tel. 209 27 85.

Posters importados de U.S.A., carteles de exposiciones de Hockney, Klee, Miró,... y fotografías de Helmut Newton, Man Ray, Claxton, Doisneau y un larguísimo etcétera. A finales de cada año, desde hace seis, American Prints organiza el Supermerc'Art, un proyecto que introduce el concepto de consumo en el arte. Como un supermercado, los consumidores llenan sus carritos de la compra con obra gráfica original a precios de ocasión.
Posters imported from the USA, posters advertising exhibitions by Hockney, Klee, Miró, etc., and large format prints of photographs by Helmut Newton, Man Ray, Claxton, Doisneau and a lot more. For the last six Christmases, American Prints has organized, the Supermerc'Art project, bringing the ideas of modern consumerism to

the world of art: as in an ordinary supermarket, customers can fill up their shopping trolleys with original graphic work at knocked down prices.

4rt Montfalcon Boters, 4.
Tel. 301 13 25.

Esta tienda es buena prueba de la gran aceptación que tiene en estos momentos el cartel, como alternativa a un arte inaccesible para el gran público. Con sede en un palacio del siglo XV con fachada de finales del XVIII, 4rt Montfalcon recoge en un espacio absolutamente medieval una amplísima muestra de carteles y obra gráfica de ilustradores, fotógrafos y pintores de todas las tendencias, épocas y nacionalidades. En la planta superior, con una estética claramente diferenciada, exposiciones colectivas e individuales de obra gráfica original. La remodelación de estos impresionantes espacios es de Joaquín Prat (1989).
This shop is ample proof of the considerable popular interest in posters at the moment in response to the unaffordably high prices being demanded in the art market. Located in a 15th century palace with an 18th century facade, 4rt Montfalcon brings together within its thoroughly mediaeval space a very extensive collection of posters and graphic work by illustrators, photographers and painters of every style and movement. On the upper floor, which is quite different in decor and atmosphere, there are group and individual exhibitions of original graphic work. The conversion of these two impressive spaces was carried out by Joaquín Prat (1989).

DEPORTES
SPORTS

Bodoni Casanova, 119. Tel. 321 08 18.

Para los amantes del golf y los que frecuentan sus esferas, esta tienda está especializada en el deporte de la jet; palos, bolsas, accesorios y, muy importante, el vestuario para la ocasión, todo de las mejores firmas del mundo. Bodoni es además marca y cuenta con diseños propios en géneros de punto, marroquinería y regalos. Toni Sellés creó en 1981 su imagen gráfica y Pilar Líbano, el interiorismo jugando con la idea de campo de golf.
For lovers of the noble and prestigious game of golf, this specialist shop stocks clubs, bags, accessories and, most important, the right clothing for the sport, all from the world's leading manufacturers. Bodoni also produce and sell their own designs in knitwear, leather goods and gifts. Toni Sellés created Bodoni's graphic image in 1981, and Pilar Líbano did the interior design, in which she plays on the idea of a golf course.

Compañía de Baile
Mandri, 41. Tel. 211 78 40.
Pl. del Pi, 5. Tel. 318 05 94.
Bulevard Rosa. Diagonal, 615.
Tel. 419 07 94.

Estas tiendas han sabido darle un toque de distinción a un vestuario como es el que se usa en la práctica del *gym-jazz*, el aerobic y demás modalidades resultantes de la combinación danza/gimnasia, tan en boga hoy día. Confortables y cálidos, en tonos pastel y en madera, los locales de Cía. de Baile ofrecen prendas de diseño propio en lycra/algodón y en colores lisos, dentro de una línea clásica. También trajes flamencos, accesorios y, en verano, bañadores.
These shops have managed to bring a touch of distinction to a branch of clothing frequently associated with the worst in bad taste, the outfits worn for aerobics, jazz dance and the other hybrid forms of gymnastics-cum-dance, so popular nowadays. Compañía de Baile's shops are comfortable and warm, in pastel tones and natural wood, and sell their own designs of dancewear, self-colours in lycra/cotton, in the classic line. They also have flamenco dresses, accessories, and swimwear in summer.

Match Via Augusta, 187.
Tel. 209 31 85.

Ubicada en una zona comercialmente idónea para una tienda especializada en artículos de esquí, Match además surte a todo tipo de deportistas, sea cual sea su actividad. Diseño: Pep Bonet y Cristian Cirici (1972).
With their premises in the ideal shop-

ping area for a specialist ski equipment shop, Match also caters for the needs of practitioners of all kinds of sporting activity. The design is by Pep Bonet and Cristian Cirici (1972).

DISEÑO, MOBILIARIO E ILUMINACIÓN
DESIGN, FURNITURE AND LIGHTING

Atri Balmes, 427. Tel. 211 30 66.

Desde el hogar a la oficina, Atri te ofrece elementos de diseño principalmente de origen italiano. Busca la comodidad y la estética dentro del exclusivismo que otorgan marcas como Molteni y B&B. Las últimas novedades que cabe destacar son la cama «Marlo II», el armario «Set Volte Set» y el sistema de oficina Scarpa.

Atri offers designer objects for home or office, most of them Italian in origin, seeking comfort and good aesthetics within the exclusivity which distinguishes names such as Molteni and B&B.

Their latest pieces deserve a mention: the «Marlo II» bed, the «Set Volte Set» wardrobe and the Scarpa office system.

B.D. Ediciones de Diseño Mallorca, 291-293. Tel. 258 69 09.

De visita absolutamente obligada, aunque sólo sea para disfrutar de la atmósfera que crea la exhibición conjunta en un espacio modernista de muebles firmados por Mackintosh, Hoffman, Terragni, Gaudí, Thonet y Mies van der Rohe. Desde 1979 en los bajos de la Casa Thomas, obra de Domènech i Montaner de 1895, B.D., además de editar los clásicos del mobiliario moderno, produce diseños actuales de autores como E. Sottsass, A. Mendini, A. Siza Vieira, Robert Stern, Miguel Milá, André Ricard, Ricardo Bofill, Rafael Moneo, Mariscal, Oscar Tusquets y muchos otros. Tiene exclusivas de Alessi, Swid Powell, Wittman, Adelta, Celcotti y Owo. Algunas de sus producciones han sido seleccionadas por el MOMA de Nueva York y otros prestigiosos museos. En 1979, premio FAD de restauración llevada a cabo por el Studio Per y en 1980, Premio Nacional de Restauración del Ministerio de Cultura. European Community Design Prize de 1990. Entre sus novedades, el sofá de acero inoxidable de Ron Arad.

A visit here is absolutely obligatory, even if it's only to enjoy the atmosphere created by the display of furniture designed by Macintosh, Hoffman, Terragni, Gaudí, Thonet and Mies van der Rohe, all together in a *Modernista* space in the basement of the Casa Thomas, an 1895 work by Domènech i Montaner, which they have occupied since 1979. As well as these classics of modern furniture design, B.D. also produce contemporary designs by the likes of E. Sottsass, A. Mendini, A. Siza Vieira, Robert Stern, Miguel Milá, André Ricard, Ricardo Bofill, Rafael Moneo, Mariscal, Oscar Tusquets and many others. They carry exclusive designs by Alessi, Swid Powell, Wittman, Adelta, Celcotti and Owo. Some of their pieces have been selected by the MOMA in New York and other prestigious galleries. FAD Prize in 1979 for the refurbishment, carried out by Studio PER, and the Ministerio de Cultura's Premio Nacional for restoration in 1980. European Community Design Prize in 1990. Among their new pieces, Ron Arad's stainless steel sofa.

Dae Londres, 99. Tel. 410 99 89.

Desde 1989, *show-room* y tienda de la firma DAE, productora de lámparas, farolas, escaleras de caracol y, en especial, de todas las variaciones de chi-

meneas diseñadas principalmente por los hermanos Milá —Miguel, Leopoldo y Alfonso— y por Federico Correa. Entre las últimas novedades, el mueble-chimenea «Fin de siglo» de Pep Bonet, presentado en la I Muestra Internacional de Diseño de Barcelona.
Opened in 1989, this is the showroom and shop for the DAE company, manufacturers of lamps, lampposts, spiral staircases and, above all, fireplaces of every kind, in particular those designed by the Milá brothers —Miguel, Leopoldo and Alfonso— and Federico Correa. Among their latest pieces is the «Fin de siglo» fireplace-furniture unit by Pep Bonet, presented at Barcelona's first International Design Show.

Deco Barcelona Muntaner, 40-44. Tel. 323 03 55.

Es el mayor punto de venta en Europa especializado en mobiliario de oficinas. La tienda fue inaugurada en 1989, sin embargo Deco lleva más de veinte años al servicio del equipamiento y la organización de oficinas. Su amplia exposición cuenta con colecciones de las más destacadas firmas nacionales —Casas, Disform, B.D. Ediciones de Diseño, Amat, Grupo T, etc.— e internacionales —Porsche, From Nine to Five, President, etc.—. Además dispone de un equipo de profesionales dedicados a proyectar e instalar oficinas.
This is Europe's biggest retail outlet specializing in office furniture. The shop was opened in 1989, although Deco have been in the business of equipping and organizing offices for more than twenty years. Their extensive display of stock includes collections by the leading Spanish firms —Casas, Disform, B.D. Ediciones de Diseño, Amat, Grupo T, etc.— as well as international names such as Porsche, From Nine to Five, President, etc. In addition, they have their own team of professionals on hand to design and fit out offices.

En línea Barcelona Copèrnic, 48-50. Tel. 200 25 33.

Con material preferentemente italiano, E.L.B. se decanta por el mueble en el que prevalece la buena comunión entre valores vanguardistas y clásicos. Ejemplo claro de este criterio de selección son las mesas «Metáfora» y «Kono» de Lella y Massimo Vignelli para Casigliani, desafiantes y clásicas al mismo tiempo. O los «Ultramobile», muebles-objeto de Man Ray, Meret Oppenheim, Sebastian Matta y otros, producidos por Simón, y los clásicos del mobiliario moderno, editados por Alivar. De procedencia nacional, objetos de B.D. Ediciones de Diseño, alfombras de Nani Marquina y de la joven firma AB2, con la colección diseñada por Alessandro Mendini, Joaquín Berao, Adolfo Domínguez, Peret, Juli Capella y Quim Larrea.
With a preference for Italian pieces, E.L.B. opts for furniture in which a balance between the avant garde and the classical prevails. Good examples of this principle of selection are the «Metáfora» and «Kono» tables by Lella and Massimo Vignelli for Casigliani, defiant and classical at the same time; or the «ultramobile» furniture-objects by Man Ray, Meret Oppenheim, Sebastian Matta and others, manufactured by Simón, and the classics of modern furnishing produced by Alivar. As for Spanish design, there are pieces by B.D. Ediciones de Diseño, carpets by Nani Marquina and the young AB2 firm, with a collection designed by Alessandro Mendini, Joaquín Berao, Adolfo Domínguez, Peret, Juli Capella and Quim Larrea.

Grei Balmes, 23. Tel. 318 61 66.

Altamente especializada en mobiliario y proyectos de interiorismo para empresa. La clave de su estrategia comercial está en disponer de los derechos de distribución en España de varias firmas especializadas y su objetivo, en ofrecer al cliente un mobiliario alternativo en exclusiva. La estrella es la firma holandesa Ahrend; también colecciones de Axa Internacional, con diseños de Gabriel Teixidó, y, dentro de la línea Acerbis, creaciones de Mario Bellini, Ludovico Acerbis y Lella y Massimo Vignelli.
Highly specialized in furnishings and interior design for businesses, the key to Grei's commercial strategy lies in holding exclusive Spanish distribution rights for various specialist firms, and their objective is to offer their clients

exclusive alternative furnishing. The star here is the Dutch company Ahrend; there are also collections from Axa Internacional, with designs by Gabriel Teixidó and, in the Acerbis range, pieces by Mario Bellini, Ludovico Acerbis and Lella and Massimo Vignelli.

Gres Johann Sebastian Bach, 7.
Tel. 201 29 99.

Gres surgió hace casi treinta años de la necesidad de producir un mobiliario en consonancia con las casas que proyectaban un grupo de arquitectos. Diseños de Miguel Milá, Federico Correa, Alfonso Milá, Teresa Tayà y Santiago Bonet, entre otros, llenan el *show-room* que ocupa los bajos de un edificio de J.A. Coderch y M. Valls premiado con el FAD de arquitectura en 1960. En el interior Miguel Milá recreó una atmósfera real, de vivienda confortable, respetando en esencia la estructura original y sirviéndose de las lámparas expuestas como única iluminación. Federico Correa define el estilo de Gres como «la tradición de nuestra modernidad».
Gres appeared almost thirty years ago in response to the need for furnishings in harmony with the houses being designed by a certain group of architects. Work by Miguel Milá, Teresa Tayà and Santiago Bonet, among others, fills the showroom which occupies the basement of a building by J. A. Coderch and M. Valls, which won the FAD Architecture Prize in 1960. In the interior, Miguel Milá has recreated the actual atmosphere of a comfortable home, respecting the essentials of the existing structure and making use of the lighting on display as the only source of illumination! Federico Correa has defined the Gres style as «the tradition of our modernity».

Habitat Diagonal/Tuset.
Tel. 415 44 55.

Terence Conran ha escogido Barcelona como sede del primer establecimiento de la cadena Habitat en España. Desde finales de 1989 la línea francesa de productos de esta firma ocupa tres plantas de un edificio de Federico Correa y Alfonso Milá. Las jóvenes parejas encuentran aquí una solución para equipar y decorar sus futuros hogares con mobiliario y complementos para todos los gustos y bolsillos. Eso sí, por regla general, aquí no hay muebles de autor.
Terence Conran has chosen Barcelona as the site of the first Habitat store in Spain. The company's French-made products have occupied three floors of a building by Federico Correa and Alfonso Milá since 1989. Here, young couples will find a solution to the fitting out and decorating of their future homes, with furnishings and accessories for all tastes and pockets, since, as a rule, the shop does not sell exclusive «designer» pieces.

Idea Mueble Via Augusta, 185.
Tel. 209 31 22.

Templo del mueble de diseño, donde los italianos son la máxima autoridad. Vico Magistretti, Mateo Grassi, Achille Castiglioni, Mario Botta y Paolo Nava comparten de todos modos el estrellato con figuras como Javier Mariscal, Arata Isozaki, Philippe Starck y un larguísimo etcétera. La articulación de las dos plantas que ocupa la tienda —típica de José Antonio Coderch, autor del edificio en 1966— crea recovecos y organiza el mobiliario en diversos pequeños «interiorismos». Idea Mueble cuenta también con una importante selección de piezas de reedición.
A temple of designer furniture, in which the Italians are the high priests. At any rate, Vico Magistretti, Mateo Grassi, Achille Castiglioni, Mario Botta and Paolo Nava share the glory with such figures as Javier Mariscal, Arata Isozaki, Philippe Starck and a host of others. The articulation of the two floors which the shop occupies —typical of the work of José Antonio Coderch, who designed the building in 1966— creates a number of odd nooks and corners, setting out the furniture in a variety of little «interiors». Idea Mueble also have an extensive selection of reproductions.

Insolit Diagonal, 353. Tel. 207 49 19.

Su nombre lo explica todo. Juma y Mun diseñan desde 1970 los más insólitos muebles y objetos para su tienda. Piezas cargadas de ironía, algo de poesía y reminiscencias surrealistas: el

mostrador en forma de piano de cola, la lámpara «Saturno» con anillo de alabastro incluido, las mesitas neoprimitivas y *gadgets* como la cuchara-espejo de mano. En el altillo del local, fantásticas escenografías creadas por los artífices de este estilo tan único.

The name («Unusual») says it all. Juma and Mun have been designing the most surprising objects and pieces of furniture for their shop since 1970. Loaded with irony, a touch of poetry and surrealist overtones: the counter in the form of a grand piano, the «Saturn» lamp complete with alabaster ring, the neoprimitive occasional tables and gadgets like the knife-hand mirror. In the raised back shop there are fantastic settings created by the inventors of this wholly unique style.

Manbar Via Augusta, 61.
Tel. 217 13 92-217 32 20.

Lo que fue Manufacturados Bargalló es hoy Manbar, 1.500 m² destinados a la exposición de mobiliario de oficina. 37 años de experiencia avalan los proyectos e instalaciones que realiza su equipo de especialistas. Mio Dino, Poltrona Frau, Arflex, Wilkhahn, Permasa y Rexite son sus principales firmas exclusivas, aunque la estrella de la próxima temporada será finalmente una producción propia: la mesa «Ara» de Miguel Milá.
What used to be Manufacturados Bargalló is now Manbar: 1,500 m.² devoted to the display of office furniture. The projects and installations carried out by their team of specialists are backed up by 37 years of experience. Mio Dino, Poltrona Frau, Arflex, Wilkhahn, Permasa and Rexite are their main exclusives, although the star of the new season will be a long-awaited production of their own, the «Ara» table by Miguel Milá.

Modo Consell de Cent, 207.
Tel. 254 47 03/04.

Una tienda más dedicada al mobiliario de diseño, en su mayoría de procedencia nacional. Cuenta además con telas de Marieta y vitrinas repletas de accesorios para la casa. Uno de los pocos lugares donde encontrar las eternas y siempre cautivadoras vajillas de la Cartuja de Sevilla. Remodelada y puesta al día por Joan Bigas (1990).
Another shop dedicated to designer furniture, mostly Spanish in origin. They also have fabrics by Marieta and showcases full of home accessories. One of the few places where you can find Cartuja de Sevilla's timelesss and always enchanting tableware. Refurbished and brought up to date by Joan Bigas (1990).

Nancy Robbins Pau Claris, 181.
Tel. 215 63 34.

Tras quince años de retiro por parajes del Ampurdán, la neoyorquina Nancy Robbins decidió que había llegado la hora de dar a conocer sus diseños. En su tienda, vecina de Vinçon, se exhiben desde 1989 muebles, lámparas y accesorios creados por ella en un estilo minimalista con evocaciones Art-Déco. También realiza periódicamente presentaciones de obra de artistas y de piezas de diseñadores que selecciona para su colección particular. Entre sus diseños más conocidos, la coqueta lámpara «Bombón». Diseño del logotipo: Edward Robbins.
After fifteen years away from it all in the depths of the Ampurdán countryside, New Yorker Nancy Robbins decided the time had come for her designs to get better known. She has been showing her furniture, lamps and accessories, created in a minimalist style with Art Deco allusions, in her shop next door to Vinçon since 1989. She also gives regular presentations of work by other artists and designers, chosen from her own private collection. Among her best-known designs is the coquettish «Bombón» lamp. Logo designed by Edward Robbins.

Pilma Diagonal, 403. Tel. 217 15 46.
València, 1. Tel. 325 35 72.

Macrotienda de mobiliario y accesorios de diseño nacional e internacional;

un espacio transparente y luminoso donde cada mueble y objeto tienen aire a su alrededor y donde pasearse casi equivale a perder la noción del tiempo. Las colecciones de Zeus, las alfombras producidas por Nani Marquina, lo último de Oscar Tusquets, las sedas de Kima Guitart, los encantadores útiles de cocina de Eva Trío, todo se hace más que irresistible en este paraíso del diseño proyectado en 1987 por Lluís Cantallops y Miguel Simón. La primera tienda Pilma (València 1) fue creada en 1973 por Elías Torres y J. A. Martínez Lapeña y seleccionada ese mismo año para el premio FAD de Interiorismo.

A superstore of Spanish and international designer furniture and accessories; a transparent, luminous space in which each piece or object has room to breathe, where you can almost lose all sense of time as you stroll around. The Zeus collections, the carpets produced by Nani Marquina, the latest Oscar Tusquets design, Kima Guitart's silks, Eva Trío's delightful kitchen utensils, all become even more irresistible in this design paradise on the Diagonal, dreamed up by Lluís Cantallops and Miguel Simón in 1987. The first Pilma store, in carrer València, was designed by Elías Torres and J. A. Martínez Lapeña, and was chosen for the FAD interior design award in 1973.

Punto Luz Pau Claris, 146.
Tel. 216 03 93.

La invasión halógena domina esta tienda de lámparas. Básicamente firmas italianas —Flos/Arteluce, Sirrah, Luceplan, etc.— y nacionales —Metalarte, B.D. Ediciones de Diseño, Santa & Cole, DLC, etc. En la entrada, la lámpara-reflector diseñada por Mariano Fortuny en 1903 y reeditada en 1979 por Ecart.

The halogen invasion dominates this lamp and lighting shop. Basically Italian —Flos/Arteluce, Sirrah, Luceplan— and Spanish firms —Metalarte, B. D. Ediciones de Diseño, Santa & Cole, DLC, etc. In the entrance is the reflector lamp designed by Mariano Fortuny in 1903 and recreated by Ecart in 1979.

Tecmo Balmes, 468. Tel. 417 48 05.

Cuando en 1960 esta tienda situada al pie del Tibidabo abrió sus puertas, la intención de los Sres. Galí era ofrecer al público una muestra de diseño contemporáneo y, por aquel entonces, era el mueble foráneo el que acaparaba prácticamente todo el protagonismo. Pero las cosas han cambiado y después de treinta años, muebles diseñados por Vico Magistretti, Le Corbusier y Philippe Starck conviven felizmente con creaciones de Oscar Tusquets, Javier Mariscal y Pep Bonet. El interiorismo actual es de Jordi Galí.

When this shop, situated at the foot of Tibidabo, opened its doors in 1960, the aim of the Galí was to offer the public a cross-section of contemporary design, and in those days foreign furniture occupied almost all of the limelight. However, times have changed, and thirty years on pieces by Vico Magistretti, Le Corbusier and Philippe Starck happily coexist with the creations of Oscar Tusquets, Javier Mariscal and Pep Bonet. The present interiors are by Jordi Galí.

Tecno Gran Via, 642. Tel. 301 71 00.
Fax 317 53 81

Tecno Barcelona es una muestra de la gran cadena de establecimientos que esta multinacional tiene repartidos a lo largo del mundo. Siguiendo la línea internacional de la empresa, Tecno está en un maravilloso edificio de la Gran Via. Allí, en las antiguas caballerizas, han situado su exposición de mobiliario de oficina. Entre sus novedades destaca la serie «Ianus» de Luca Scacchetti y recientemente les han adjudicado el interiorismo del aeropuerto de Barcelona. Con un aire neoclásico, Marco Fantoni proyectó en 1988 el espacio.

Tecno Barcelona is one of the great worldwide chain of establishments belonging to this multinational. In keeping with the company's international character, Tecno occupies a marvellous building on the Gran Via, where they have installed their office furniture showroom in what were formerly the stables. Among their new lines are the «Ianus» series by Luca Scacchetti, and they have recently been awarded the contract for the interiors of the new Barcelona airport. The Tecno

premises, with their neoclassical air, were designed by Marco Fantoni in 1988.

Vinçon Pg. de Gràcia, 96. Tel. 215 60 50.

Francamente, el que deje Barcelona sin haber puesto los pies en Vinçon no tiene perdón. La inclasificable por excelencia es mucho más que una tienda, es desde finales de los 60 un escenario permanente de la evolución del diseño nacional. Empezando por los escaparates, poemas visuales no exentos de humor, entrar en esta tienda provoca una excitación irrefrenable. El culpable de todo esto es Fernando Amat, diseñador y copropietario, que es capaz de convertir una caja de hojalata en

pieza de diseño sublime al someterla a sus artes escenográficas. En la planta baja se distribuyen las secciones de complementos, objetos de escritorio, iluminación, accesorios y equipamientos para el hogar, incluyendo el apartado de cocinas Bulthaup. En la primera planta, un piso intacto de la alta burguesía catalana del cambio de siglo, se expone todo el mobiliario de nuestros mejores diseñadores. ¡Visita absolutamente obligada!

There is, frankly, no forgiving the visitor who leaves Barcelona without having set foot in Vinçon. This truly impossible-to-classify establishment is much more than a shop, and has been a permanent stage on which the evolution of Spanish design has been enacted since the 60s. Starting with the display windows, visual poems never lacking in humour, there is an irrepressible thrill to entering these premises. The blame for all this lies with Fernando Amat, designer and co-owner, a man capable of turning a tin box into a sublime piece of design after submitting it to his stage-setting art. The accessories, office material, lighting, and household goods departments, including the Bulthaup kitchens range, are laid out on the ground floor. On the first floor, an entire upper middle class Catalan family apartment from the turn of the century, all the best furniture from the best Spanish designers is on show. A visit is absolutely compulsory!

FLORISTERÍAS Y PLANTAS
FLORISTS AND PLANTS

Jarclós Plantas Escoles Pies, 67. Tel. 212 45 96. Fax. 2119231.

Como jardinería hacía 4 años que funcionaban, pero fue en 1972 cuando crearon el primer *garden center* urbano del estado. Desde entonces, Jarclós ha ido evolucionando. En Escoles Pies 67, centros para regalo, cestería, elementos para terraza y complementos. En Collcerola 22, árboles, arbustos y una extensión abierta orientada al *self-service*. Finalmente 2000 m^2 de variedades en Sant Cugat.

A pesar de trabajar mucho en floristería, Jarclós dirige más sus pasos hacia proyectos, consejos y una amplia gama de servicios.

Although the gardening service has only been going for four years, this, the first urban garden centre in Spain, was opened in 1972. Jarclós has evolved considerably since then. Escoles Pies has a gift centre and departments for baskets, terrace plants and accessories; in Collcerola 22 they have trees, shrubs, and a recently opened self-service section; finally, in Sant Cugat, there are varieties of all kinds spread over an area of 2,000 m^2. Although working extensively in floristry, Jarclós is currently moving more in the direction of projects, consulting and a wide range of other services.

María Ponsa Rbla. Catalunya, 124. Tel. 218 67 81.

Rústico y pequeño, a este rincón se acercan paseantes atraídos por el encanto de esta famosa calle. María Ponsa diseñó y dio nombre a un espacio aprovechado al máximo. Buena calidad

en flores y arreglos muy, muy exóticos.

The charms of this famous thoroughfare draw passersby to this rustic little corner which Maria Ponsa, who designed it and gave it her name, has made the fullest use of, offering flowers of quality and very, very exotic arrangements.

Susana Graf Provença, 157 bis. Tel. 323 52 57.

En un espacio amplio y luminoso, Susana Graf ofrece desde la confección de un jardín artificial hasta el más clásico de los centros. Tiene recipientes y complementos de importación, flores secas exóticas, árboles de tronco natural y plantas liofilizadas.

From these spacious, well-lit premises Susana offers a service that ranges from the creation of an artificial garden to the most classic of layouts; she also has imported pots and planters and accessories, exotic dried flowers, natural trees and freeze-dried plants.

GASTRONOMÍA
FOOD

Colmado Quílez Rbla. Catalunya, 63. Tel. 215 23 56.

Uno de los establecimientos más genuinos de la ciudad, con más de 50 años de servicio al público. Empezando por el escaparate, su decoración mantiene el encanto de antaño. En sus estanterías se amontonan desde el suelo hasta el techo todo tipo de conservas y productos envasados, la especialidad de la casa. Aparte del surtido alimenticio y vinícola nacional, vinos y licores de todo el mundo y champagne principalmente importado de Italia, Francia y Alemania.

One of the most authentic establishments of its kind in the city, with more than 50 years in the service of the public. Starting with the shop window, the decoration retains the charm of days gone by. The shelves are stacked from floor to ceiling with conserves and cans and jars of all kinds, the house speciality. In addition to the wide variety of Spanish foodstuffs and wines, there are wines and spirits from all over the world, as well as French champagne and sparkling wines from Italy and Germany.

Escribà Rambla, 83. Tel. 301 60 27.

Antigua casa Figueres, ampliada y remodelada en 1986 por la familia Escribà, un nombre asociado a la repostería en Barcelona. Conserva parte de su antiguo diseño modernista, del que destacan los mosaicos de la fachada. Chocolate, pasteles y helados son las tres especialidades de la casa.

The confectioner's, extended and remodelled by the Escribà family in 1986, was formerly the Figueres, a well-known name for cakes and pastries in Barcelona. The shop retains part of its old *Modernista* design, with particularly fine mosaics on the facade. Chocolate, cakes and ice creams are the three specialities of the house.

Fargas Boters, 16. Tel. 302 03 42.

Casa-chocolatería en la que se pueden adquirir trufas recién hechas y cafés de importación. Un antiguo molino le da al chocolate un sabor insuperable, resultado de un esmerado tratamiento artesanal.

A chocolate shop where you can buy freshly-made truffles and imported coffees. An old mill gives the chocolate an incomparable flavour, achieved by painstaking craftsmanship.

Foix Pl. de Sarrià, 12-13.
Tel. 203 04 73.
Major de Sarrià, 57.
Tel. 204 17 91.

De entre las numerosas pastelerías que surgieron a finales del siglo pasado y durante el fervor modernista, ésta es una de las pocas cuya decoración no ha sido fatalmente mutilada. Fundada en 1886 por el padre de un famoso poeta catalán, sus dulces, bombones, pasteles, pastas saladas, etc. siguen caracterizándose por su sabor artesanal. Los domingos se llena de gente bien que se detiene a comprar un postre de camino a casa de los abuelos, como manda la tradición.

Of the numerous confectioners' which appeared at the turn of the century, during the heyday of *Modernisme*, this is one of the few whose decoration

has not been fatally mutilated. Founded in 1886 by the father of a famous Catalan poet, their sweets, desserts, cakes and savouries are still characterized by their authentic craftsmanship. On Sundays the shop is full of excellent folk stopping to buy cakes and desserts on their way to visit their relatives, in the time-honoured fashion.

Gran Colmado Consell de Cent, 318. Tel. 302 12 87-318 85 77 (restaurante).

Es la charcutería «design» de Barcelona, situada en el Eixample, a dos pasos del Passeig de Gràcia. En la mesa común del comedor, entre expositores de verduras y frutas, se da cita lo más *fashion* de la ciudad, que además realiza en la tienda sus compras gastronómicas: quesos, platos preparados, marisco, ahumados, carnes, vinos y un sinfín de exquisiteces. Pere Riera, Claret Serrahima y Armengou han creado un interiorismo en las últimas tendencias, pero sin perder de vista en ningún momento que esto es un colmado y que los productos nos tienen que entrar por los ojos. Existe un club de socios (Tel. 318 51 84) y servicio de restaurante a domicilio. Precio medio restaurante 2.500 ptas. Abierto de 9 de la mañana a 12 de la noche. Cerrado domingos.

This is Barcelona's «designer» delicatessen, in the heart of the Eixample, just a couple of steps from the Passeig de Gràcia. The communal table in the dining room, with its displays of fruit and vegetables is a meeting place for the city's fashionable people, who stop to do their gastronomic shopping: cheeses, cooked dishes, seafood, smoked and cooked meats, wines and an endless variety of delicacies. Pere Riera, Claret Serrahima and Armengou have created an interior in line with the latest tendencies yet without losing sight of the fact that this is a grocery store, where the produce must appeal to the eye. The establishment has a members' club (tel. 318 51 84) and will deliver ready-prepared meals to your home. The average price in the restaurant is 2,500 ptas. Open from 9 in the morning until midnight. Closed Sunday.

El Magnífico
Argentería, 64. Tel. 319 60 81.
Grunyí, 10. Tel. 310 33 61.

La familia Sans se dedica desde 1919 a la importación de cafés de todo el mundo y a su cuidadísimo tratamiento. Aquí se pueden encontrar cafés de Colombia, Costa Rica, Guatemala, Etiopía, de Jamaica y Hawai —los más caros del mundo— y también mezclas de elaboración propia. Si tanto café le aturde, la familia Sans le orientará gustosamente en la elección del que más se ajuste a las exigencias de su paladar. Además, 70 clases de tés. Cerrado sábados.

The Sans family have devoted themselves to the importing and meticulous preparation of coffees from around the world since 1919. Here you will find coffees from Colombia, Costa Rica, Guatemala, Ethiopia, Jamaica and Hawaii —the most expensive in the world— as well as their own special blends. If you find yourself confused by this wealth of different coffees, the Sans family will gladly help you to choose the one most suited to your palate. They have 70 cases of tea, too. Closed Saturday.

La Pasta Travessera de Gràcia/Torrijos. Tel. 210 20 03.

En esta tienda situada en el animado barrio de Gràcia, frente al mercado, se puede encontrar todo tipo de pasta: italiana, nacional, semifresca, seca, para sopa, a granel, rellena y de elaboración propia. Y también todo lo necesario para condimentarla: salsas preparadas, quesos, crema de leche, especias, etc. Interiorismo de Silvia Farriol (1982).

In this shop in the lively district of Gràcia you can find pasta of every kind: Italian, Spanish, semi-fresh, dried, for soup, loose, stuffed, made on the premises... as well as everything you

might want to accompany it: ready-made sauces, cheeses, fresh cream, herbs and spices, etc. Interior design by Silvia Farriol (1982).

Planelles-Donat Cucurulla, 9 - Portal del Angel, 7 y 25.

Cinco generaciones de esta familia venden todo tipo de turrones desde 1870, sirviéndose exclusivamente de un mostrador instalado en el portal de un viejo edificio de Ciutat Vella. Cuando llega la Navidad todos los barceloneses tienen una cita obligada en esta tienda. En el Portal del Angel, 25 ofrecen también diversas variedades de helado.

From a counter set up in the doorway of an old building in the Ciutat Vella, five generations of this family have sold *turrons* (a kind of nougat) of every variety since 1870. When Christmas comes, this shop is a must for the whole of Barcelona. They also sell assorted flavours of ice cream at Porta de l'Angel 25.

Roura Calaf, 15. Tel. 209 17 69.

Mucho antes de la proliferación de las «boutiques del pan» esta panadería ya elaboraba pan según distintas fórmulas y en el más puro hacer artesanal. Ofrece también masa para hojaldre, pasta brisa y pizza. La restauración realizada hace 20 años no le ha hecho perder su bastante peculiar estilo neoclásico.

Long before the boom in specialist bread shops, this bakery was already making bread to various recipes in the purest craft tradition. They also sell dough for puff pastry, shortcrust pastry and pizzas. The restoration work here twenty years ago has left the rather peculiar neoclassical style of the place still in evidence.

Semon Ganduxer, 31. Tel. 201 65 08.

Un clásico de los platos preparados selectos y de la charcutería de lujo. María Semon lleva casi 30 años complaciendo a los barceloneses más sibaritas en una cocina afrancesada y catalana de altísima calidad. Ensaladillas como la húngara o la de apio, el *bacallà a la llauna*, el lomo relleno de ciruelas y postres como la exquisita mousse de chocolate hacen de este establecimiento un punto de referencia obligado. Ideal en ocasiones muy especiales o simplemente en días en que queremos obsequiarnos con pequeños placeres. En *L'Indret*, el renovado comedor de Semon, se pueden degustar especialidades como el salmón ahumado, el mejor de Barcelona. Precios justificadamente altos. Interiorismo de Klaus Wagner (1962).

This is a *locus classicus* of succulent ready-prepared dishes and delicacies. María Semon has been catering to the palates of Barcelona's epicures with French and Catalan cooking of the highest quality for almost thirty years. A selection of salads, including Hungarian and Celery, cod *a la llauna*, pork stuffed with plums, and desserts such as an exquisite chocolate mousse, make this establishment an essential point of reference. Perfect for special occasions, or simply for those days when you feel like rewarding yourself with a little treat. In *L'Indret*, Semon's newly renovated dining room, you can savour specialities such as the best smoked salmon in Barcelona. The prices are justifiably high. Interior design by Klaus Wagner (1962).

GRANDES ALMACENES
DEPARTMENT STORES

El Corte Inglés
Pl. Catalunya, 14. Tel. 302 12 12.
Diagonal, 617. Tel. 322 40 11.

Los más importantes y completos grandes almacenes de Barcelona, sobresaliendo con bastante ventaja los de Diagonal, que se están convirtiendo en el núcleo de una nueva zona comercial. Sus productos siguen una línea ascendente de calidad y variedad con el único problema de que todo recibe el mismo tratamiento. Lo bonito se mezcla con lo feo y hay que saber buscar. De 1.ª categoría es la sección de cosmética y perfumería. Stands al estilo de los *department stores* neoyorquinos son atendidos por verdaderas embajadoras de las firmas de más prestigio mundial. Destaca también el supermercado que pone a prueba al más escéptico y concienciado de los consumidores: un espacio amplio, cómodo y excepcionalmente pulcro

con un vastísimo surtido de alimentos frescos y envasados, platos preparados, congelados, productos de todas las marcas nacionales y de importación, etc; todo de primerísima calidad. Abierto desde las 10 hasta las 20. Sábados hasta las 21.

These are the most important and most comprehensive department stores in Barcelona; the one on the Diagonal is easily the better of the two, and is now the centre of a blossoming new shopping area. These stores offer a range of goods varying in quality and price, although unfortunately everything is presented in the same way, with the beautiful set out alongside the ugly, and you have to know how to find your way through the resulting mishmash. The cosmetics and perfume department, however, is first rate. Stands like those in top department stores all over the world are staffed by veritable ambassadors of the world's most prestigious beauty firms. The supermarket, too, is exceptional, and would test the most demanding and hard-to-impress shopper: a spacious, comfortable and spotlessly clean setting with a truly vast assortment of fresh and packaged foods, ready-prepared dishes, a freezer department, produce from the leading Spanish and foreign manufacturers, and so on, all of the finest quality. Open from 10am until 8pm, and until 9pm on Saturdays.

HERBORISTERÍAS
HERBALISTS

Anormis Ciutat, 3. Tel. 302 30 04.

Anormis es el nombre de una hierba que condimenta el pollo y que patentó el Dr. Rovira, quien fundó el siglo pasado esta pequeña herboristería, carismática y algo descuidada. Ofrece una amplia gama de hierbas medicinales y especias para condimentar todo tipo de platos.

Anormis is the name of a seasoning, used in cooking chicken, patented by a Dr. Rovira, who founded this charismatic and rather run-down little herbalist's shop last century. They stock a wide selection of medicinal herbs, and spices for seasoning dishes of all kinds.

L'Herbolari del Rei Vidre, 1. Tel. 301 01 93.

Se inauguró en 1823 y su estilo es una síntesis romántica de la época de Luis XVI y vestigios rococó. Una herboristería llena de encanto, con mucho colorido en las paredes y una monumental fuente de mármol.

This herbalist's opened in 1823, and the style is a romantic synthesis of Louis XVI and vestiges of rococo. A truly charming shop, with lots of colour on the walls and a monumental marble fountain.

JOYERÍAS Y RELOJERÍAS
JEWELLERS AND WATCHMAKERS

Bagués Pg. de Gràcia, 41. Tel. 216 01 73.

La joyería de siempre de las familias conservadoras de Barcelona, con una tradición centenaria y una situación privilegiada: la Casa Ametller, obra del arquitecto modernista Puig i Cadafalch incluida en toda ruta turística.

Timeless jewellery for Barcelona's conservative families, with a hundred year-old tradition and a privileged location: the Casa Ametller, work of the *Modernista* architect Puig i Cadafalch, part of every tourist's itinerary.

Efectos Especiales Bulevard Rosa Pg. de Gràcia, 55. Tel. 215 90 31.
Bulevard Rosa Diagonal, 474. Tel. 218 55 61.
Bulevard Rosa Diagonal 609-615. Tel. 419 10 34.

Estos tres pequeños templos para los amantes de los complementos hacen brillar con luz propia, las pulseras, los pendientes y los collares seleccionados por Pilar Pasamontes. La mejor y más bonita bisutería, además de las famosas y fascinantes creaciones en plata de Chelo Sastre. También cinturones y sombreros para enamorarse y los más atrevidos y elegantes bañadores en verano. Interiorismo de Josep Aregall, años 80.

These three little shrines for accessory-lovers allow the bracelets, earrings and necklaces, selected by Pilar Pasamontes, to shine with their own light. The best and prettiest costume

jewellery, from names such as Moschino and Gaultier, as well as the famous, fascinating creations of Chelo Sastre. Also hats and belts to fall in love with, and the most daring and elegant swimwear in summer. Interior design by Josep Aregall, in the 80s manner.

Enric Majoral Laforja, 19.
Tel. 238 07 52.

Arquitectura racionalista para las creaciones de Majoral, joyas sinuosas y amorosas predominantemente en plata. También diseños en oro, bronce —a veces oxidado—, piedras e, incluso, metacrilato. Interiorismo: Josep Melo (1987).
Rationalist architecture for Majoral's creations, sinuous, amorous jewellery, predominantly in silver, although there are also pieces in gold, bronze —sometimes oxidised—, gemstones and even perspex. Interior design by Josep Melo (1987).

Hipòtesi Rbla. Catalunya, 105.
Tel. 215 02 98.

Los diseños más arriesgados y extravagantes en joyería contemporánea se pueden encontrar en esta minúscula y céntrica tienda creada en 1987 por Pilar Vila. Firmas nacionales como Belana Blanes, Emilio Herráiz y Enric Majoral junto a las creaciones más modernas y locas importadas de Holanda y Alemania.
The most daring and extravagant designs in contemporary jewellery are to be found in this tiny, centrally-situated shop, created by Pilar Vila in 1987. Spanish names such as Belana Blanes, Emilio Herráiz and Enric Majoral, alongside the most modern and maddest imported designs from Holland and Germany.

Joaquín Berao Rosselló, 277.
Tel. 218 61 87.

De visita aconsejada, tanto por las maravillosas creaciones de Berao, como por el entorno diseñado para ellas por Tonet Sunyer y Tomàs Morató: un espacio estrecho sobriamente decorado con motivos secesionistas, tales como el paradigmático cuadrado de Hoffmann. Joyas vanguardistas, absolutamente irresistibles, en plata, oro y otros materiales menos convencionales como el titanio y el bronce envejecido. Premio FAD de Interiorismo 1984.

Well worth a visit, both for Berao's marvellous creations and for the setting, designed by Tonet Sunyer and Tomás Morató: a narrow space soberly decorated with Secessionist motifs, such as Hoffmann's paradigmatic square. Avant-garde jewellery, utterly irresistible, in silver, gold and other, less conventional materials such as titanium and aged bronze. FAD interior design prize, 1984.

Oriol Bori i Fontestà, 11.
Tel. 201 03 77.

Sencillez y buen gusto en las creaciones de Ramón Oriol, cuya filosofía supo recoger Pepe Cortés en el diseño del local en 1975. Joyas y objetos en plata, como cafeteras, ceniceros, pitilleras, etc.
Simplicity and good taste abound in the creations of Ramón Oriol, whose philosophy was perfectly caught by Pepe Cortés in his 1975 design for these premises. Jewellery and other objects, such as coffee pots, ashtrays, cigarette cases and so on, in silver.

Roca Pg. de Gràcia, 18. Tel. 328 33 16.

En 1933 Josep Lluís Sert escandalizó con esta obra racionalista a las mentes reaccionarias de la época. ¿Cómo podía entenderse un diseño tan revolucionario para una casa de tan sólida tradición como la Joyería Roca? Actualmente Roca realiza ediciones limitadísimas de joyas exclusivas de creación propia, con especial interés en el trabajo de las piedras preciosas.
Josep Lluís Sert created a scandal in 1933 amongst the narrow-minded reactionaries of the time with this rationalist piece of work. What was the meaning of such a revolutionary design

for a family firm with such a solid tradition as Joyería Roca? Nowadays Roca produces limited editions of their own exclusive jewellery designs, with particular emphasis on work with precious stones.

R. Ollé Santaló, 39-41. Tel. 200 45 80.

Las unicas concesiones ornamentales en este reducido espacio son dos sillas de Mario Botta y el uso de acero cromado en urnas expositoras y rótulo. Las protagonistas son las joyas, creaciones de Ollé en oro, plata, piedras, madera y pizarra. Interiorismo: Eduard Samsó (1986).

The only concessions to ornament in this small shop are two chairs by Mario Botta and the use of chrome steel for display cases and the shop sign. Attention is firmly directed towards the jewellery itself, Ollé's own creations in gold, silver, gemstones, wood and slate. Interior design: Eduard Samsó (1986).

The Watch Gallery Diagonal, 626. Tel. 414 37 11.

Relojes de las mejores marcas en una escenografía posmoderna de lujo. Si buscas tu reloj ideal y tu presupuesto oscila entre las 7.000 y los 10 millones de pesetas, en esta tienda-galería lo encontrarás. Especial atención en el estudio de imagen de los escaparates, de la mano de Priscilla Newman. Interiorismo de Lowenstein (1988).

Watches from the leading makers in a luxurious postmodern setting. If you're looking for that perfect watch, and your budget is somewhere between 7,000 and 10 million pesetas, you'll find it in this shop-cum-gallery. The image created by the window displays, the work of Priscilla Newman, deserves particular attention. Interior design by Lowenstein (1988).

LIBRERÍAS
BOOKSHOPS

Ancora y Delfín Diagonal, 564. Tel. 200 07 46.

No es exactamente una librería especializada, pero a lo largo de sus 30 años de existencia ha sabido ganarse a una clientela incondicional que encuentra aquí un importante catálogo en arte, arquitectura, diseño y fotografía, con publicaciones nacionales y de importación. El pintor alemán Erwin Bechtold creó con una estética años 50 ese clima de aislamiento y de intemporalidad propio de una biblioteca y tan característico ya de Ancora y Delfín. Cuenta además con una cuidadísima selección de novela.

This isn't exactly a specialist bookshop, but over its thirty years of existence it has managed to earn itself a devoted clientele who come here for the extensive catalogue of books on art, architecture, design and photography from publishers in Spain and abroad. The shop also has a carefully selected stock of fiction. The 50s aesthetic's isolated, timeless atmosphere so characteristic of Ancora & Delfín was created by the German painter Erwin Bechtold.

Crisol Rbla. Catalunya, 81. Tel. 215 27 20.

Una de las primeras librerías diseñadas como centro de ocio: libros, discos, videos y prensa nacional e internacional se reparten en las dos plantas de este amplio espacio lleno de altillos y escaleras metálicas. Extenso catálogo en libros de importación, diseño, arte y, especialmente, literatura infantil. En el escaparate se montan periódicamente pequeñas escenografías. Diseño de Taula de Disseny (1985) y remodelación de Allende Arquitectos (1989). Abierto de 10 a 22 sin interrupción, incluso festivos.

One of the first bookshops to be designed as a complete leisure facility: books, records, videos and Spanish and foreign papers and magazines are distributed over the two floors of these spacious premises, full of mezzanines and metallic stairways. An extensive catalogue of imported titles on design, art and, in particular, in the field of childrens' books. The shop window displays are often of great interest. Originally designed by Taula de Disseny (1985) and remodelled by Allende Arquitectos (1989). Open from 10am through to 10pm without a break, even on holidays.

Crònica Muntaner, 421.
Tel. 209 96 88.

Pequeña librería diseñada con cierta inspiración en la obra de Mondrian. Aparte de las secciones habituales, dispone de objetos interesantes como el puzzle de un cuadro de Malevitch o una silla de Rietveld a escala para pintar y montar. Ráfols Casamada, Vicenç Viaplana y Bartolozzi, entre otros artistas, realizan para Crònica puntos de libro y la decoración periódica del escaparate. Clientela de diseñadores, arquitectos y profesionales de la moda. Diseño de José M.ª Civit y Francesca Llopis, finalista del FAD de Interiorismo 1981. También tiendas en el Bulevard Rosa de Pg. de Gràcia, 55 y en el de Diagonal, 609.
A small bookshop with its design inspired, it would seem, by the work of Mondrian. In addition to all that you would expect to find here, they have curios such as a jigsaw puzzle of a Malevitch painting, or a scale model of a Rietveld chair you can paint yourself. Ràfols Casamada, Vicenç Viaplana and Bartolozzi, amongst a number of other artists, regularly design bookstands and window displays for Crónica. The clientele consists of designers, architects and people from the fashion business. The design, by José M.ª Civit and Francesca Llopis, was a runner-up for the FAD interior design prize in 1981. They also have shops in the Bulevard Rosa in the Pg. de Gràcia and in the one on the Diagonal.

Happy Books
Pelai, 20. Tel. 317 07 68.
Pg. de Gràcia, 77. Tel. 310 79 24.

Libros, discos, regalos y pasteles en este establecimiento del ocio que los sábados invita a todos sus visitantes a una copa de cava. Además, libros interesantes para el bibliófilo y ofertas de actualidad a precios asequibles. Frecuentada por políticos, artistas y periodistas. Interiorismo: Norman Cinnamond (1987).
Books, records, gifts and cakes are all available in this leisure emporium which treats alll its Saturday visitors to a glass of *cava*. They carry books to interest the bibliophile as well as current titles at very reasonable prices. Frequented by politicians, artists and journalists. Interior design by Norman Cinnamond (1987).

Laie Pau Claris, 85. Tel. 318 17 39.

Frente a la proliferación de las librerías-multiespacio, Laie plantea una nueva forma de entender el ocio. La incorporación de un café con terraza a la librería simboliza de algún modo la voluntad de recuperar un tipo de calidad de vida casi en desuso, fomentando la lectura en el desayuno, la comida o la merienda con la prensa diaria y libros para hojear al alcance del cliente. En la planta baja, la tienda, con especial interés en las secciones de arte, literatura, importación, filosofía, historia, antropología, cine y música. Interiorismo: Jordi Mirabell y Mariona Raventós (1989). Abierto de 10 a 20, café-restaurante de 8 a 22 (cenas concertadas).
In response to the current proliferation of multi-space bookshops, Laie offers a new approach to leisure. The

inclusion on the premises of a café with a terrace is in a sense symbolic of a desire to restore a quality of life which has all but disappeared; the customer is encouraged to browse over breakfast, lunch or afternoon tea, with books and daily newspapers within easy reach. The bookshop itself is on the ground floor, and their list of works on art, literature, philosophy, history, anthropology, cinema and music —from within Spain and without— is of particular interest. Interior design by Jordi Mirabell and Mariona Raventós (1989). The bookshop is open from 10am until 8pm, the café-restaurant from 8am until 10pm (dinner bookings by arrangement).

Look Balmes, 155-157. Tel. 415 17 45.

Supermercado del libro con carritos de compra, señalización clara y moni-

tores de control incluidos. Literatura, informática y turismo, así como arte, diseño y arquitectura son los apartados más extensos de esta librería frecuentada principalmente por estudiantes y post-graduados. Abierta de 10 a 21 sin interrupción; sábado cerrado entre 14 y 17.

A book supermarket, complete with shopping trolleys, clear signposting and store-security video cameras. Literature, computing, tourism, plus art, design and architecture, are the most extensive areas of the stock in this shop, frequented in the main by students and postgraduates. Open from 10am through to 9pm, except Saturdays, when it closes from 2 until 5pm.

Tocs Consell de Cent, 341.
Tel. 215 31 21.

Este céntrico multiespacio es definido por sus creadores como «la tienda de la cultura y el ocio». En Tocs no sólo hay libros, sino también discos y compact-disc —especialmente música minimalista y *new age*—, sección de imagen y sonido, regalos y un importantísimo quiosco, con revistas y periódicos de todo el mundo, algunos en exclusiva. Amplio catálogo en publicaciones de arte —nacionales y de importación— y apartado superespecializado en libros de viajes. Atmósfera *high-tech* y posmoderna en consonancia con el concepto vanguardista de la tienda. Frecuentada por la clase política, *yuppies* y hombres de negocios. Abierto de 10 a 21 sin interrupción, incluso sábados. Interiorismo: Joan Bigas (1988).

These centrally-located multi-purpose premises have been defined by their creators as «the culture and leisure shop». In Tocs, as well as books, there are records and compact discs —in particular, minimalist and New Age music—, sound and image equipment of various kinds, gifts, and an excellent newsstand, with magazines and papers from all round the world, some of them only available here. Tocs has a good stock of art publications —Spanish and imported— and a highly specialized travel department. The atmosphere is high-tech and post-modern, in line with the shop's avant-garde concept. Frequented by political mandarins, yuppies and business people. Open from 10am through to 9pm, Saturdays included. Interior design: Joan Bigas (1988).

MERCADOS
MARKETS

La Boquería Rambla, 110 (Mercat de Sant Josep).

Gastrónomos exigentes, chefs de verdad, señoras «Marías» y demás adictos acuden desde todos los puntos de la ciudad a este maravilloso mercado de comestibles situado en la Rambla. Las paradas parecen competir entre sí en vistosidad, los vendedores en simpatía y sus delantales en blancura. Cada día el pescado, la carne, la fruta, las verduras, las legumbres, etc. convierten en un espectáculo este mercado construido entre 1840 y 1870. A primeras horas de la mañana fotógrafos, diseñadores y noctámbulos privilegiados se dejan caer en el Bar Pinocho para desayunar alguno de sus platillos o las ensaimadas a la plancha de sobrada fama. Cerrado domingos.

The fussiest gourmands, working chefs, good housewives and other addicts come from all over the city to this marvellous food market right by the Rambla. There seems to be great competition between stalls as to the attractiveness of their displays, and between vendors as to their friendliness and the whiteness of their aprons. The arrival of the fresh fish, meat, fruit and vegetables each day turns this market, built between 1840 and 1870, into a spectacle in its own right. Photographers, designers and nightowls of all kinds drop by the Bar Pinocho around daybreak to breakfast on one of their *tapas* or their famous grilled *ensaimadas*. Closed Sunday.

Los Encantes Pl. de les Glòries.

Es el *marché aux puces* de Barcelona. Aquí se pueden encontrar todo tipo de objetos antiguos, aunque a menudo son simplemente viejos: vestidos de los años 40, neveras de tercera mano, herramientas para bricolage, ojos de muñecas, muebles, abrigos pop,... ¡No pierdas de vista el bolso! Abierto lunes, miércoles y sábados de 8 a 17.

This is Barcelona's flea market. Here you can find antiques and ageing bric-a-brac of all kinds: 40s dresses, third-hand fridges, do-it-yourself tools, doll's eyes, pop raincoats...! Keep an eye on your purse or wallet! Open Monday, Wednesday and Saturday from 8am until 5pm.

Sant Antoni Comte d'Urgell/Tamarit/Comte Borrell/Manso

Este singular mercado de comestibles construido entre 1876 y 1882 se convierte el domingo en santuario de coleccionistas de libros descatalogados, cómics, revistas, cromos, fotos, sellos, carteles de cine y hasta partituras. Domingos de 10 a 14.

This architecturally interesting market for foodstufs, built between 1876 and 1882, is converted every Sunday into a paradise for collectors of printed paper —out of print books, comics, magazines, transfers, photos, stamps, cinema posters and even sheet music. Every Sunday from 10am until 2pm.

MODA
FASHION

Galerías

Barcelona sufre el «síndrome galerías» desde que a finales de los años 70 el éxito apabullante del primer Bulevard Rosa demostrara que «la unión hace la fuerza». Ahora muchas de las mejores tiendas se organizan y concentran en los múltiples *shop-center* distribuidos por toda la ciudad... aunque la verdadera estrella sigue siendo el Bulevard Rosa.

Barcelona has suffered from the «arcade syndrome» since the overwhelming success of the first Bulevard Rosa at the end of the 70s demonstrated that there is strength in numbers, and now many of the best shops are grouped together and concentrated in the multi-unit shopping arcades dispersed all over the city... although the true star is still the Bulevard Rosa.

Bulevard Rosa Pg. de Gràcia Pg. de Gràcia, 55.

El centro comercial de Barcelona por excelencia. Inaugurado en 1978, ha ido creciendo hasta ocupar casi la totalidad de una manzana del Passeig de Gràcia y reunir más de 100 tiendas de moda, joyas, bisutería, zapatos, juguetes, perfumería, etc. La situación estratégica de los accesos induce a atravesarlo aunque sea inconscientemente. Los viernes por la tarde es cita obligada de quinceañeras-os ávidos de moda. Proyecto: Marià Gispert.

The Barcelona shopping centre *par excellence*, it was opened in 1978, since when it has kept on growing until it now occupies almost a whole block on the Passeig de Gràcia and comprises more than 100 shops selling fashion, jewellery, shoes, toys, perfume, and so on. The strategic location of the entrances leads you to wander through, even without making a conscious decision to do so. On Friday afternoons this is the place to be for fashion-hungry teenagers. Project by Marià Gispert.

Bulevard Rosa Diagonal/Via Augusta Diagonal, 474.

Acoge unas 40 tiendas y un bar-restaurante. En él se encuentra la peluquería Marcel, diseñada por Eduard Samsó. Proyecto: Marià Gispert, 1987.

There are some 40 shops, plus a bar-restaurant, in this mall, amongst them Marcel's hair salon, designed by Eduard Samsó. Project by Marià Gispert, 1987.

Bulevard Rosa Pedralbes Diagonal, 609-615.

Inaugurado en 1989, este *shopping center* con aspecto de lujoso *hall* de hotel americano es el más imponente y espectacular de la ciudad. Ocupa cuatro plantas de un edificio característico del nuevo centro creado alrededor de Diagonal/Numancia y recoge en 10.000 m^2 90 tiendas de moda, diseño, complementos, alimentación, etc. Su visita es indispensable para descubrir los maravillosos diseños de algunos de los mejores interioristas del país.

Opened in 1989, this shopping arcade with the look of the vestibule of a luxury American hotel is the most imposing and spectacular in the city. Occupying four floors of a building typical

of the new commercial centre which has grown up around Diagonal/Numancia, its 10,000 m^2 are filled with shops devoted to fashion, design, accessories, foodstuffs, and more. A visit is a must, even if only to discover some marvellous work by some of the country's best interior designers.

Adolfo Domínguez Pg. de Gràcia, 86. Tel. 215 13 39.

Adolfo Domínguez utiliza materias nobles, colores naturales, da gran importancia a la calidad del tejido. Sus creaciones tienen la dosis justa de sobriedad, como este local, cuyo diseño interior es también suyo (1987). Grandes espacios, 2 niveles, uno para hombre y otro para mujer, donde las prendas son protagonistas. El más famoso representante de la Moda de España aquí y en el extranjero. ¡Indispensable conocerlo!.
Aldolfo Domínguez employs fine materials and natural colours, and places great importance on cloth quality. His creations have just the right degree of sobriety, like this shop, in which the interior design is also by him (1987). Large spaces on two levels, one for men and the other for women, in which the clothes are the protagonists. The most famous representative of *Moda de España* at home and abroad. Absolutely indispensable!

Alvarez Marià Cubí, 3. Tel. 218 85 26.

Una de las tiendas de calzado de señora con más solera de la ciudad. Puedes encontrar zapatos para todas las edades, gustos y ocasiones: para los pies delicados de la abuelita, para la chica destrozona, para aquella fiesta tan especial, para la mamá práctica, o para ti, que nunca encuentras modelos de tu número que te gusten. Si calzas de un 34 a un 42, en Alvarez lo encontrarás.
One of the most spacious ladies' shoe shops in the city. You will find shoes here for all ages, tastes and occasions: for the delicate feet of a little old lady, for the girl who's really hard on her shoes, for that special party, for the practical mother and housewife, or for you, who can never find a style you like in your size. If you take a 35 to a 42, you'll find it in Alvarez.

Blanco Diagonal, 572. Tel. 200 15 29.

Moda divertida para chica, muy de temporada y a precios super asequibles. Interiorismo con una estética muy de los 70.
Fun fashion for young women, very seasonal and at very affordable prices. Interiors with a very 70s aesthetic.

Camper
Muntaner, 248. Tel. 201 31 88.
València, 249. Tel. 215 63 90.
Av. Pau Casals, 5. Tel. 209 58 46.
Bulevard Rosa Pedralbes. Tel. 419 11 60.

Zapatos para hombre y mujer cómodos, con gracia, de calidad y a precios asequibles. Camper ha sabido distinguirse en su imagen diseñada por Carlos Rolando siendo una de las primeras marcas en lanzar una línea diferente cuando la Barcelona del diseño aún bostezaba. ¿Quién no ha tenido unos Camper alguna vez?
Comfortable, stylish, good quality, reasonably priced shoes for men and women. Camper was already distinguishing itself, with an image designed by Carlos Rolando, as one of the first marques to launch a different line in shoes, when «Barcelona design» was still stretching and yawning. Is there anyone who has never owned a pair of Campers?

E4G Diagonal, 490. Tel. 218 35 44.
Tenor Viñas, 7. Tel. 209 08 22.
Bulevard Rosa Pedralbes. Tel. 419 00 82.

Moda para chicos y chicas bien, Marithé et François Girbaud, Closed, Armani Jeans o, más recientemente, Junior Gaultier, son marcas obligadas en el uniforme de las nuevas generaciones adineradas. El diseño interior, bien estudiado, es obra de Jordi Galí (1988).
Fashion for well-to-do boys and girls, with Marithé et François Girbaud, Closed, Armani Jeans or, most recently, Junior Gaultier being the obligatory labels on the uniforms of the younger generation. The well thought out interior design is the work of Jordi Galí (1988).

Eleven Diagonal, 466. Tel. 218 45 58.

Derroche de imaginación, concepto absolutamente futurista, en el diseño

de esta zapatería obra de Manuel Ybarbengoitia y María del Mar Nogués (1988). Una rampa peligrosamente inclinada, o un más seguro ascensor transparente, te conducen de la entrada al salón, donde puedes encontrar todo tipo de zapatos de las mejores marcas nacionales y de importación. Si te gusta algún modelo y quieres ver cómo te queda, pon tu pie al alcance de alguno de los sesenta monitores repartidos por todo el local, que transmitirá por televisión, desde distintos ángulos, cómo luce tu pie. Aunque sólo sea por curiosidad, vale la pena descubrir esta tienda.
An extravagant outpouring of imagination, an absolutely futuristic concept, mark the design of this shoe shop, the work of Manuel Ybarbengoitia and María del Mar Nogués (1988). A dangerously steep ramp, or a much safer lift, take you up to the entrance to a salon where you can find shoes of every kind of the best Spanish and imported makes. If you find a shoe you like, and want to see if it suits you, put your foot within range of one of the sixty video set-ups distributed around the store and it will show you how it looks from a variety of angles. Even if only out of curiosity, it's worth discovering this shop.

Emporio Armani Via Augusta, 10. Tel. 218 76 79.

Línea joven de Giorgio Armani en un local en absoluta consonancia con el estilo de este gran diseñador italiano: elegante y proporcionado, sin estridencias. Obra de Jordi Galí con colaboración italiana (1988).
Giorgio Armani's «young line» in premises absolutely in harmony with the style of the great Italian designer: elegant and well proportioned, never shrill. The work of Jordi Galí, with some assistance from Italy (1988).

Foche Maina Bruc, 42-44.

Moda para hombre. Lo más destacable es el diseño del local realizado por el equipo Y.N. (Manuel Ybarbengoitia y María del Mar Nogués) (1989). Obra impactante con grandes cristaleras que, desde la calle, dejan al descubierto todo el interior. Ocres y verdes oscuros, contrastan con la claridad del local. De lo más bonito y atrevido que en los últimos años se ha podido ver en Barcelona.
Fashion for men. The most notable thing here is the shop design, carried out by the Y.N. team (Manuel Ybarbengoitia and María del Mar Nogués) (1989). An imposing piece of work, with great display windows which make the whole interior entirely visible from the street. Tones of ochre and dark green contrast with the lightness of the shop premises. One of the prettiest and most radical schemes to be seen in Barcelona in recent years.

Furest Pg. de Gràcia, 12-14.
Tel. 301 20 00.
Diagonal, 468. Tel. 218 26 65.
Bulevard Rosa Pedralbes.
Tel. 419 40 06.
Av. Pau Casals, 3. Tel. 203 42 04.

La tienda para la alta burguesía de Barcelona por excelencia, con una tradición que ha pasado de generación en generación. El secreto de su éxito está en su constancia en la calidad y en una línea clásica y deportiva adecuada para todas las edades. Moda de hombre firmada por Ermenegildo Zegna, Miguel Ibars, Cerrutti 1881 o Closed y Nashville se añaden a su propio taller de sastrería. El interiorismo de sus tiendas es reflejo del inconfundible estilo del equipo Correa-Milá. En el nuevo local del Bulevard Rosa, Furest se ha abierto a las últimas tendencias con el diseño llevado a cabo por Alfred Arribas en 1988.
The outfitters *par excellence* to the Barcelona upper middle class, with a tradition passed on from generation to generation. The secret of their success lies in invariably high quality and a line of classic and casual clothes suited to all ages. Menswear by Ermenegildo Zegna, Miguel Ibars, Cerrutti 1881, as well as Closed and Nashville, in addition to their own tailoring. The interior design of their shops reflects the unmistakable style of the Correa-Milá partnership. With their new premises in the Bulevard Rosa, Furest have opened up to the latest tendencies thanks to a 1988 scheme by Alfred Arribas.

Gala
Via Augusta, 29-31. Tel. 217 85 52.

Muntaner, 323. Tel. 209 21 89.
Bulevard Rosa Pedralbes. Tel. 419 50 51.
Bulevard Rosa Pg. de Gràcia.
Tel. 215 01 61.

Una de las tiendas más famosas, y con mejores marcas, nacionales y de importación, de bolsos y maletas de Barcelona. Si buscas un bolso deportivo, o serio, o uno muy caprichoso, en Gala lo encontrarás.
One of the most famous outlets in Barcelona for the best in Spanish and imported purses, bags and cases. Whether you're looking for something sporty, or serious, or fanciful, you'll find it in Gala.

Galon Glace Pg. de Gràcia, 76.
Tel. 215 69 72.

En un ambiente muy *fifties-sixties* encontramos en perfecta armonía, además de ropa de segunda mano de esa época importada de EE.UU, Italia o Inglaterra, los diseños más vanguardistas del momento: Martine Sitbon, Yorke & Cole, Romeo Gigli o zapatos de Clergerie. Tanto para hombre como para mujer la oferta es inmejorable.
Coexisting in perfect harmony in this very fifties-cum-sixties setting you will find secondhand clothes of the period, imported from the USA, Italy and Britain, alongside the most radical up-to-the-minute designs: Martine Sitbon, Yorke & Cole, Romeo Gigli, and shoes by Clergerie. Their range of stock for both men and women is unbeatable.

Gonzalo Comella
Via Augusta, 2. Tel. 237 68 48.
Diagonal, 478. Tel. 218 35 16.

Gran empresa familiar que, desde hace más de 25 años, viste a la mitad de las familias bien barcelonesas. Ropa para todas las edades, tanto hombre como mujer, de calidad y que ha sabido renovarse con el paso del tiempo. Los últimos diseños de sus interiores son obra de Jordi Galí, un experto en este tipo de boutiques.
This grand family business has been dressing half of Barcelona's «better» families for more than twenty-five years. Selling fine quality clothes for all ages and both sexes, they have consistently moved with the times. The most recent interior designs are by Jordi Galí, an expert in boutiques such as this.

Groc Rbla. Catalunya, 100 bis.
Tel. 215 01 80.
Muntaner, 385. Tel. 202 30 77.

Sólo Antoni Miró. Ropa de hombre y mujer creada por uno de los mejores y más famosos diseñadores españoles. Lleva 20 años innovando en cada colección bajo su propio e inimitable sello de calidad, fruto de la más pura tradición textil de Catalunya. También zapatos de su marca y joyas diseñadas por Chelo Sastre. El interiorismo de la tienda de Rambla Catalunya (1970) así como la remodelación de la fachada (1984) son de Oscar Tusquets. El local de Muntaner, sólo para mujer, está inspirado en el Hotel Tokio de Frank Lloyd Wright y es obra de Pilar Líbano (1989).

Nothing but Antoni Miró. Men's and women's clothing created by one of the best, and best-known, Spanish designers. Every one of his collections over the last twenty years has been innovative, bearing his own inimitable stamp of quality, the fruit of the purest traditions of Catalan textiles. There are also shoes with the Miró label, and jewellery designed by Chelo Sastre. The interiors of the Rbla. Catalunya shop (1970), as well as the remodelling of the facade (1984), are by Oscar Tusquets. The design of the Muntaner shop, which sells exclusively women's clothes, was inspired by Frank Lloyd Wright's Tokyo Hotel, and is the work of Pilar Líbano (1989).

In Situ Villarroel, 236. Tel. 230 80 19.

Pequeña tienda con buenos diseños para mujer, actuales y de calidad. Ropa escogida de una marca interesante: Carpe Diem.

A little shop with well-designed, up-to-date quality clothes for women. Selected items from an interesting label: Carpe Diem.

Intimo Due Pau Claris, 113.
Tel. 302 51 05.

Lencería para hombre y mujer de las mejores marcas como Nikos, Nina Ricci, Cerrutti o La Perla. Puedes encontrar la línea que más te convenga: moderna y vanguardista para diario o sexy y sofisticada para días especiales. También tiene una línea de baño, que, con toda seguridad, realzará tu cuerpo. Diseños que son toda una tentación. Levantan pasiones (1988).
Underwear for men and women from the better names, such as Nikos, Nina Ricci, Cerrutti and La Perla. Here you can find the style that suits you best: modern and avant garde for every day, or sexy and sophisticated for special days. They also stock a line of swimwear which will certainly show your body to its best advantage. Designs which are pure temptation - guaranteed to arouse passions (1988).

Loewe Johann Sebastian Bach, 8.
Tel. 202 31 50.
Avda. Diagonal, 570. Tel. 200 09 20.
Pg. de Gràcia, 35. Tel. 216 04 00.

Marca de tradición centenaria, especialista en piel y marroquinería, con moda y complementos de alta calidad para hombre y mujer. Es destacable la labor de Oscar Tusquets y Carles Bassó de recuperación de la fachada de la Casa Lleó Morera en el Passeig de Gràcia, representativa del modernismo catalán, y la remodelación interior en 1989 de Gustavo Torner. Con tiendas en las más importantes capitales del mundo, Loewe significa distinción.
A name with a century of tradition behind it, specializing in leather, skins and morocco ware, with high quality fashion clothing and accessories for men and women. Of particular note are Oscar Tusquets' and Carles Bassó's restoration of the facade of the Casa Lleó Morera on the Passeig de Gràcia, a fine example of Catalan *Modernisme*, and the refurbishment of the interior by Gustavo Torner in 1989. With branches in the world's major cities, Loewe means distinction.

Jean Pierre Bua Diagonal, 469.
Tel. 239 71 00.

Lo más moderno de la ciudad tiene cita obligada cada temporada en este local sorprendente creado en 1984 por Eduard Samsó. Espacio sugerente de dos niveles para ropa atrevida con el estilo inconfundible de los mejores creadores nacionales y extranjeros como Vittorio & Lucchino, Moschino, Jean Paul Gaultier o Katharine Hamnett. Para un público unisex que no se amedrenta ante las últimas tendencias.
Barcelona's most modern citizens make an important date each season in this remarkable shop, created by Eduard Samsó in 1984. An evocative split-level space presents radical clothes in the unmistakable styles of the best Spanish and international designers such as Vittorio & Lucchino, Moschino, Jean Paul Gaultier and Katharine Hamnett. For clients of both sexes who aren't shocked by the latest tendencies.

Make-up Bulevard Rosa Pg. de Gràcia.
Tel. 216 08 81.

Esta pequeña zapatería diseñada en 1987 por Fernando Salas se nos aparece como un enigmático *show-room*; el suelo de madera envejecida, las tonalidades y la sutil iluminación envuelven los zapatos en una atmósfera de bosque encantado. La verdadera tienda está en el nivel inferior, donde podrás probarte cualquiera de los maravillosos diseños de Guillermo Ferrer. Imagen gráfica: Pati Núñez.

The impression created by this little shoe shop, designed by Fernando Salas in 1987, is of an enigmatic showroom; the worn wooden floor, the tones and the subtle illumination enclose the shoes in the atmosphere of some enchanted forest. The shop proper is on

the basement level, where you can try on Guillermo Ferrer's marvellous designs for women. Graphic design: Pati Núñez.

La Manual Alpargatera Avinyó, 7. Tel. 301 01 72.

Desde principios de siglo, este taller fabrica anualmente las mejores alpargatas de Barcelona. Visita este templo, donde verás cómo unas encantadoras abuelitas las hacen, al gusto y medida del cliente. Puedes escoger modelo, colores, tamaño y cualquier excentricidad que se te ocurra para añadir al típico calzado catalán. No sólo serán satisfechos tus deseos, sino que podrás disfrutar de la comodidad y la frescura que las alpargatas te proporcionarán. Es el mejor calzado para verano y de descanso. Si no las conoces, pruébalas. Te enamorarán.
Since the beginning of the century, this workshop has been producing the best, hand-made, rope-soled sandals in Barcelona. Visit this shrine, and see how the charming old ladies make each pair to the client's fitting and taste. You choose the style, colour, size, and whatever touch of eccentricity you wish to add to this typically Catalan footwear. As well as satisfying your whims in this respect, you will enjoy the comfort and coolness of these *espardenyes*, the ideal footwear for summer or simply for relaxing in. If you've never tried a pair, now's the time. They'll steal your heart.

Matrícula Av. Pau Casals, 24.
Tel. 201 23 08.
Bulevard Rosa Pedralbes. Tel. 419 11 00.

Ropa y complementos para hombre y mujer de última moda, línea joven, original y atrevida. Colecciones de las mejores marcas importadas y nacionales, entre las que destaca Sybilla, una de las diseñadoras más innovadoras y vanguardistas españolas. Es remarcable el interior diseñado por Luis Adelantado en la tienda del Bulevard Rosa de Pedralbes (1989).
Clothing and accessories for men and women in the latest styles, with a line that is young, original and daring. Collections from the best foreign and Spanish designers, among whom is the outstanding Sybilla, one of the most innovative and avant garde Spanish couturiers. The interior of the shop in the Bulevard Rosa in Pedralbes is remarkable, designed by Luis Adelantado (1989).

Roser-Francesc Roger de Llúria, 87. Tel. 215 78 67.

Tienda interesante, de dos pisos en madera, situada en una típica casa del Ensanche barcelonés de 1900, con diseños actuales de Roser y Francesc para hombre y mujer y otras marcas nacionales (1989).
An interesting shop fitted out in wood and laid out over two floors of a typical Barcelona Ensanche town house dating from 1900, selling a range of contemporary clothes for men and women by Roser and Francesc as well as other Spanish designers (1989).

Stéphane Kélian Rosselló, 218.
Tel. 215 06 85.

Maravillosa tienda de zapatos para mujer, diseñada en 1984 por Juan Pol y Juan Verger que acoge, no sólo modelos exclusivos Stéphane Kélian, sino también marcas de calidad como Farrutx, Gorg Blau o Jean Paul Gaultier. Sobriedad, simetría y gamas neutras con un gran triángulo central a modo de expositor o banco, dan luz propia a los zapatos. Creaciones vanguardistas y más clásicas, siempre con un toque de atrevimiento arrebatador.
A marvellous shop, designed in 1984 by Juan Pol and Juan Verger, selling women's shoes, with quality names like Farrutx, Gorg Blau and Jean Paul Gaultier as well as exclusives from Stéphane Kélian. Sobriety, symmetry and a neutral colour scheme with a large triangular centerpiece for display allow the shoes to shine in their own light. Creations ranging from the avant garde to the more classic, but always with a touch of the deliciously daring.

Tascon Balmes, 388. Tel. 211 44 95.
Diputació, 255. Tel. 317 76 89.
Rbla. Catalunya, 42. Tel. 301 35 49.
Diagonal, 462. Tel. 237 56 16.
Bulevard Rosa Pg. de Gràcia. Tel. 215 74 31.
Bulevard Rosa Pedralbes. Tel. 419 20 00.

Zapatos para hombre y mujer con di-

seños actuales de buenas marcas nacionales. Tascon ha sabido distinguirse por la calidad y gracias a sus 5 pequeñas tiendas estratégicamente situadas en el centro de la ciudad. Su última tienda abierta en 1989 en el Bulevard Rosa de Pedralbes es de un diseño admirable: sencillez y claridad, obra de Pepe Cortés (1989). La tienda de Rambla Catalunya es obra de Fernando Salas (1981).

Shoes for men and women in contemporary styles from leading Spanish manufacturers. Tascon has managed to distinguish itself thanks to these five small shops, strategically situated in the city centre. The latest outlet, which opened in 1989 in the Bulevard Rosa in Pedralbes, is exemplary in its design: simplicity and clarity, the work of Pepe Cortés. The shop in the Rambla Catalunya was designed by Fernando Salas (1981).

Teresa Ramallal Mestre Nicolau, 17. Tel. 201 39 98.

Magnífica tienda diseñada por Eduard Samsó en 1985, por la que obtuvo un premio FAD. Las creaciones, tanto en ropa como complementos, de Teresa Ramallal, son estilizadas, creativas, para la mujer de hoy que busca, ante todo, comodidad y buen gusto. Sus diseños de zapatos son simplemente fantásticos.

A magnificent shop, which earned its designer Eduard Samsó a FAD Prize in 1985. Teresa Ramallal's clothes and accessories are stylish, creative, for the woman of today who looks, first and foremost, for comfort and good taste. Her shoes are, quite simply, fantastic.

Tokio Bulevard Rosa Pg. de Gràcia-Bulevard Rosa Diagonal/Via Augusta-Bulevard Rosa Pedralbes.

Medias, calcetines y bañadores. La variedad en el diseño hace que sus medias satisfagan tanto a la mujer más lanzada como a la más prudente y clásica. En verano Tokio recupera aquellos bañadores que llevaban las estrellas de cine en los años 40, dándoles una nota divertida.

Stockings, tights, socks and swimwear. Their designs are various enough to satisfy the most daring as well as the most prudently classical woman. In summer Tokyo brings back the kind of swimsuits worn by Hollywood starlets in the 40s, and gives them that extra dash of fun.

Tzazou Pg. de Gràcia, 59. Tel. 487 23 26.

La moda más loca de los 90 para hombre y mujer: Jean Paul Gaultier, Moschino, con su línea Cheap & Chic, o Lolita Lempicka hacen las delicias de los más atrevidos. Espectaculares modelos y escaparates en un interior diseñado con gracia por Fernando Salas (1989).

90's style at is maddest, for men and women: Jean Paul Gaultier, Moschino's Cheap & Chic line, and Lolita Lempicka are there to delight the daring. Spectacular models and window displays, and an interior designed with wit and grace by Fernando Salas (1989).

Via Escoles Pies, 3-5. Tel. 200 47 83.

Calzado de calidad para señora. Las mejores y más reconocidas marcas nacionales y de importación: Sergio Rossi, Lorenzo Banfi, Lario, Alfredo Caral, Yanko, Lotusse.

Quality ladies' footwear, from the best and most reputable Spanish and international manufacturers: Sergio Rossi, Lorenzo Banfi, Lario, Alfredo Caral, Yanko, Lotusse.

MÚSICA
MUSIC

Algueró Balmes, 199. Tel. 217 46 26.

Situada en el que allá por los felices 60 fuera centro comercial y de negocios de Barcelona —«Tuset Street»—, Algueró sigue siendo una de las tiendas de discos con más prestigio. La planta baja está dedicada a la música pop y a otros apartados habituales y en la planta sótano la música clásica ofrece un importante catálogo en compact-disc. Es además una de las pocas tiendas donde todavía se permite «catar» los discos a través de auriculares.

Located in what was, back in the carefree 60s, Barcelona's business

and commercial centre —«Tuset Street»—, Algueró is still one of the city's most prestigious record shops. The ground floor is devoted to pop music, and the shop has an extensive selection of classical music on compact disc in the basement. It is, moreover, one of the few shops that still lets prospective purchasers listen to records on headphones before they make a decision.

Castelló Nou de la Rambla, 15.

Con 60 años de experiencia, Castelló es la n.° 1 en Barcelona. Entre la tienda de Nou de la Rambla y la del n.° 7 del carrer Tallers reúne el catálogo más amplio en pop-rock nacional e internacional, jazz, soul, música étnica, discos de importación, etc. Aunque cada vez es más difícil, aquí se consiguen ejemplares discográficos curiosos y poco accesibles. Los aficionados a la música clásica tienen que dirigirse a la calle Tallers, 3.
With 60 years of experience behind it, Castelló is Barcelona's n.° 1. Between the shop in the Nou de la Rambla and the one in carrer Tallers, they offer the widest imaginable choice, ranging through Spanish and foreign pop, rock, jazz, soul, ethnic musics, imports and so on. Here you can still find rare and unusual records, although it's getting harder all the time. Lovers of classical music should investigate the shop at n.° 3, carrer Tallers.

Jazz Collectors Pge. Forasté, 4.
Tel. 212 74 78.

Esta es, sin duda, la mejor dirección para los adictos al jazz clásico. Coleccionistas de toda España recurren a Jazz Collectors, uno de los establecimientos especializados más punteros de Europa. Su catálogo abarca desde el be-bop hasta el Swing, pasando por las Big Bands, New Orleans, etc. También tienen discos inéditos y piezas de coleccionista de segunda mano que a veces alcanzan cifras astronómicas. Gracias a su contacto permanente con los mejores puntos de venta del mundo, puedes conseguir incluso aquello que dabas por imposible.
This, beyond all doubt, is the best place in Barcelona for addicts of classic jazz. Aficionados from all over Spain come to Jazz Collectors, one of the best specialist dealers in Europe. Their catalogue runs from be-bop to swing, by way of big bands, New Orleans, and so on. They also carry some never released records and collectors items which sell secondhand for astronomical sums. Thanks to their permanent contacts with top record dealers all over the world, you can find here even things you thought were unobtainable.

Sony-Mito Balmes, 365.
Tel. 211 20 54.

Dedicada exclusivamente al mercado del compact-disc, con más de 10.000 títulos, 6.000 de los cuales son de música clásica. Además, exposición y venta de equipos de Hi-Fi, televisores, aparatos y cámaras de video, todo de Sony. Estética *high-tech* suave. Diseño de Pepe Cortés (1989).
Devoted exclusively to the compact disc market, the shop stocks some 10,000 titles, 6,000 of them classical. They also have a showroom where you can test and buy music systems, televisions, video recorders and cameras, all by Sony. The style here is smooth high-tech. Design by Pepe Cortés (1989).

Tocs Consell de Cent, 341.

Ver sección *Librerías*.
See the *Bookshops* section.

PAPELERÍAS
STATIONERY AND ART SHOPS

Casa Teixidor Ronda Sant Pere, 16.
Tel. 301 82 90-49.
Joan Güell, 220. Tel. 321 12 08.

Con más de cien años de experiencia, Casa Teixidor parte actualmente de dos conceptos distintos. El establecimiento de Ronda Sant Pere conserva el encanto de las tiendas a la antigua usanza: vitrinas y cientos de cajoncitos guardan cautelosamente los artículos que el dependiente mostrará gustoso a petición del cliente. La carpintería y el mosaico de la fachada y los vitrales del interior son una valiosa muestra del modernismo barcelonés. La tienda de

la calle Joan Güell, de 1989, funciona por el contrario como un supermercado —todos los artículos a la vista— con las ventajas que supone el autoservicio. Amplio surtido de material para el diseño gráfico, las Bellas Artes y el dibujo técnico. También mobiliario auxiliar y mesas de dibujo.
With more than a hundred years of experience, Casa Teixidor now offers two quite different approaches to retailing. The shop on the Ronda Sant Pere retains the old-fashioned charm of the emporia of the past: there are glass display cases and hundreds of little drawers from which the assistant will delightedly produce on request the articles you want to see. The woodwork and the mosaic of the facade and the glasswork in the interior are fine examples of Barcelona *Modernisme*. By contrast, the shop in carrer Joan Güell, opened in 1989, is run like a supermarket —all the stock is out on show— with the advantages associated with a self-service system, offering a wide range of material for graphic design, fine art and technical drawing, as well as drawing tables and office furniture.

Cooperativa del Col.legi Oficial d'Arquitectes de Barcelona Pl. Nova, 5. Tel. 301 50 00.

La gran mayoría de arquitectos hacen aquí los pedidos de material para sus estudios. Descuentos a los abonados a la cooperativa y, curiosamente, a extranjeros.
The great majority of the city's architects order their drawing materials and office supplies here. The shop gives discounts to members of the architects' cooperative and, strangely enough, to foreigners.

Pepa Paper París, 167. Tel. 439 61 48.

Papel de cartas y sobres, tarjetas, agendas, cajas de todos los tamaños, colores y formas, manufacturas de papel para fiestas, lápices, plumas estilográficas, pero, sobre todo, papeles de regalo tan preciosos que dan ganas de regalar. La neutralidad de los tonos y la iluminación de este espacio favorecen la cualidad sensual del papel. Interiorismo de Marta Ventós y Ana Yglesias (1979).
Writing paper and envelopes, cards, diaries, boxes of all colours, shapes and sizes, party paperware, pencils, fountain pens, but, above all, gift wrapping paper so lovely it makes you want to give someone a present. The tonal neutrality of the shop's lighting and colour scheme bring out the sensual quality of the paper. Interior design by Marta Ventós and Ana Yglesias (1979).

Tarlatana Comtessa de Sobradiel, 2. Tel. 315 37 35.

Una bonita tienda-taller situada en Ciutat Vella detrás del Ayuntamiento. Carpetas, agendas, álbums de fotos y papeles de aguas decorados a mano. También se realizan encuadernaciones en la misma tienda, a la vista del público.
An attractive shop-cum-workshop in the Old City, behind the City Hall. Folders, diaries, photograph albums and hand-decorated and watermarked papers. They also do their own binding on the premises, in full view of the public.

Tot Gran de Gràcia, 52.
Tel. 218 96 90.

Todo lo necesario para pintar a lo grande: pinturas al óleo de Titan y Talens, bidones de pintura acrílica y lattex, brochas y pinceles de todas las calidades y formatos, lápices pastel de tamaño descomunal, lienzos de algodón y de lino,... Jordi, el encantador dueño de esta tienda, se toma todo el tiempo del mundo para atender a su clientela, entre la que se encuentran pintores de vanguardia como Javier Mariscal, Miquel Barceló y Frederic Amat.
Everything you could need for painting in style: oil colours by Titan and Talens, tubs of acrylic and rubber-based paint, brushes large and small in all shapes and qualities, gigantic pastel crayons, cotton and linen canvases... Jordi, the charming proprietor of the establishment, unstintingly devotes all of his time to his customers, among whom are such leading avant-garde painters as Javier Mariscal, Miquel Barceló and Frederic Amat.

Vicente Piera
Córsega, 298. Tel. 228 62 92.
Cardenal Casañas, 13. Tel. 301 66 80.

Lo que no encuentre aquí posiblemen-

te no exista en Barcelona. Piera lo tiene prácticamente todo para el diseño gráfico, las Bellas Artes y la ilustración. Los dependientes, buenos vendedores, tientan a la clientela con las ultimísimas novedades del mercado. Frecuentada por grafistas y artistas consagrados, contó en su día con clientes tan ilustres como Dalí y Picasso. Se recomienda acudir antes de las 10 horas, por la mañana y antes de las 17 horas, por la tarde, para evitar aglomeraciones.

If you can't find it here, it probably can't be found in Barcelona. Piera has just about everything for graphic design, fine art and drawing. The shop assistants --good salespeople-- tempt the customer with all that's latest on the market. Frequented by the most highly-acclaimed artists and designers, the shop has had customers as ilustrious as Dalí and Picasso, in their day. It's advisable to get there before ten in the morning and before five in the afternoon if you want to miss the crowds.

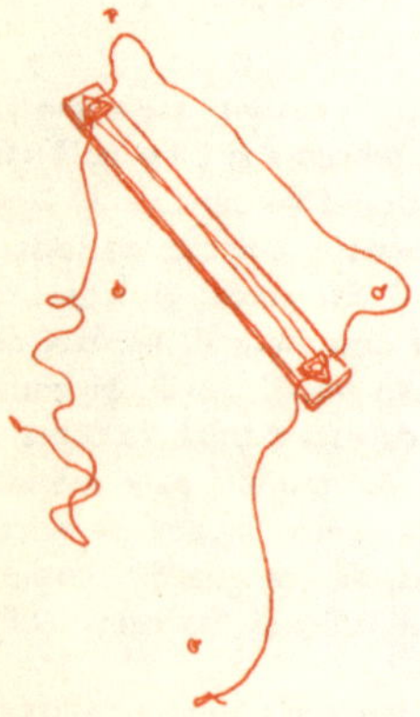

PELUQUERÍAS Y SALONES DE BELLEZA
HAIRDRESSERS AND BEAUTY SALONS

Llongueras Av. Pau Casals, 12.
Tel. 200 21 17.

Uno de los 40 salones del más internacional de nuestros peluqueros. Mujeres de clase alta y vips acuden a él en busca de uno de sus cerca de 100 peinados «intemporales» o de las nuevas sensaciones de cada temporada. En la actualidad Klaus Wagner proyecta una importante reforma que pretende convertir este salón en uno de los más punteros de Europa. Abierto de lunes a sábado de 9 a 18.

This is one of 40 salons run by the most international of Barcelona's --and Spain's-- hairstylists, with a clientele of VIPs and women from the upper classes, who come here in search of one of their one hundred «timeless» styles or one of the season's new sensations. Klaus Wagner is currently working on a major refurbishment which should make this one of Europe's key hair salons. Open from 9 am to 6 pm, Monday to Saturday.

Marcel Bulevard Rosa, Diagonal 474.

Interiorismo duro y futurista en la línea de los locales nocturnos diseñados por su autor, Eduard Samsó (1988): formas curvadas, paredes y columnas de chapa metálica remachada, revestimientos a base de fragmentos de cerámica blanca a lo Gaudí, austeridad en el mobiliario. De visión aconsejada, sobre todo por el invento de los espejos-mostradores móviles. Peluquería unisex que sigue las últimas tendencias, pero que también sabe escuchar al cliente.

The interior design (1988) is hard and futuristic, in the same line as the bars and clubs by its creator Eduard Samsó: curving forms, rivetted metal plating on walls and columns, finishes based on fragments of white ceramic as in several Gaudí schemes, austerity in the furnishings. A visit is strongly recommended, especially to see the mobile mirrors-cum-counters. A unisex hairdresser's which follows the latest trends, but also listens to the client.

New Look
Muntaner, 442-446. Tel. 209 52 89.
Bulevard Rosa Diagonal, 609.

Decoración funcional, impecable en blanco y gris, con paredes estucadas y muchos espejos. Con un estilo propio a partir de las últimas tendencias, la base de su éxito está en saber encontrar el peinado y el corte adecuados a cada fisonomía y personalidad, tanto en mujer como en hombre. También solarium, sauna, hidroterapia, masaje y otros tratamientos específicos. Fre-

cuentada por la clase media-alta, políticos, profesionales del cine y televisión y arquitectos famosos. Abierto de 9 a 19.30 sin interrupción. Interiorismo: Javier Vilaseca Giralt (1983).
With functional decor in impeccable grey and white, stuccoed walls and an abundance of mirrors, the salon has a style of its own based on the latest tendencies. The secret of their success lies in finding just the right cut and styling for the physiognomy and personality of each of their clients, male and female. They also offer a solarium, a sauna, hydrotherapy, massage and other specific treatments to customers from the upper middle classes: politicians, film and TV people and well-known architects. Open from 9 am through to 7.30 pm without a break. Interior design by Javier Vilaseca Giralt (1983).

La Pelu
Argentería, 70-72. Tel. 310 48 07.
Verdi, 29. Tel. 237 90 37.

Peluquería con vocación democrática que en verano incluso se abre a la calle prescindiendo de sus puertas. Las paredes están llenas de personajes de cómic como Superman o Popeye desmitificados por dibujantes de la revista «El Víbora» con peinados fuera de contexto. Especialistas en el peinado rasta-Bob Marley- y en las tendencias actualizadas de los años 50. Frecuentada por gente que trabaja en locales nocturnos y en el Ayuntamiento. Jueves, viernes y sábados abierto hasta las 23.
A hairdresser's with a democratic approach: in summer they even take away the doors to open the shop to the street. The walls are covered with demythologized comicstrip heroes like Superman and Popeye with out-of-context hairstyles, drawn by artists from «El Víbora». Specialists in dreadlocks and Rasta styles and in modernized versions of 50s looks. Patronized by the staff of various city nightspots and employees of the City Council. Open until 11pm on Thursday, Friday and Saturday.

Susana G. Körver Consell de Cent, 175. Tel. 323 72 65.

Taller de maquillaje y estética con un look entre coqueto y minimalista creado por Josep Aragall en 1988. En la trastienda, un mundo aparte, Susana G. Körver realiza además prótesis y maquillajes especiales para publicidad y espectáculos. También cursillos de maquillaje.
A make-up and beauty salon with a look somewhere between flirtatious and minimalist, designed by Josep Aragall in 1988. In the back shop --a world apart-- Susana G. Körver carries out cosmetic surgery and does special make-up for advertising sessions and for people in show business. In addition, there are courses in make-up.

PERFUMERÍAS
PERFUMERIES

El Corte Inglés Diagonal, 617.
Tel. 322 40 11.

Ver sección *Grandes Almacenes*.
See *Department stores*.

Regia Pg. de Gràcia, 39. Tel. 216 01 21.

Lo que la perfumería con más solera de la ciudad vende con verdadera satisfacción son las marcas nacionales —Puig y Myrurgia—; sin embargo, Regia cuenta también con la mayoría de los productos de perfumería y cosmética procedentes de Italia y Francia. Si lo deseas, podrás visitar además el Museo del Perfume. Otras seis tiendas Regia se distribuyen por Barcelona.
What this, the largest perfumery in the city, really takes pleasure in selling are the Spanish brands: Puig and Myrurgia; nonetheless, Regia also carries most leading French and Italian perfume products. You are welcome to visit the Perfume Museum, too. The Regia firm has a further six shops in different parts of Barcelona.

REGALOS
GIFTS

Don Moià, 20. Tel. 200 27 36.

Don es pionera de un tipo de establecimientos actualmente en auge en Barcelona: las tiendas de regalos *design*. M.ª Rosa Ventós, su dueña y artífice, lleva más de veinte años inculcándonos

el gusto por el objeto bien diseñado, de uso cotidiano o de regalo. Partidaria de las técnicas artesanales, procura tener siempre piezas únicas muy selectas, algunas procedentes de sus viajes y otras diseños propios realizados por conocedores del oficio: pequeños muebles auxiliares y juegos de mesa en maderas nobles, juguetes populares, carteras y bolsos de pieles supersensuales y de líneas puras, etc. También joyería, esculturas de artistas de vanguardia como Sergi Aguilar y alfombras de Marieta, entre muchas otras exquisiteces.

Don is a pioneer, the first of a type of establishment currently on the increase in Barcelona: «designer» gift shops. M.ª Rosa Ventós, Don's owner and creator, has been cultivating our appreciation of well-designed objects —for everyday use or a gift— for more than twenty years. A firm believer in craft techniques, she always manages to have a number of special one-off pieces, some picked up on her travels, others her own designs, made by skilled craftsmen: little occasional pieces of furniture and nests of tables in fine woods, traditional toys, leather bags and wallets with the most sensual textures and the purest lines, and so on. Plus jewellery, avant garde sculpture by such artists as Sergi Aguilar and carpets by Marieta, among a host of other exquisite items.

Dos y Una Rosselló, 275.
Tel. 217 70 32.

En un local pavimentado con baldosas de acera y pintado de amarillo ácido y rosa se encuentra una de las impulsoras del *gadget* y de los diseños divertidos «Made in Barcelona». El surrealismo y la estética de los 50 y los 60 ocupan un lugar importante en la tienda, pero el verdadero objeto de culto de Dos y Una es Barcelona; suya es,

por ejemplo, la edición de la archifamosa camiseta Bar-cel-ona de Mariscal. Interiorismo y concepto: B. Szenczi, J.A. Mañas y V. Ferran Martinell (1977).

This shop with its steel-tiled floors and acid yellow and pink colour scheme is one of the chief promoters of gadgets and of «made in Barcelona» fun designs. Surrealism and the aesthetic of the 50s and 60s have an important place here, but the true object of the Dos i Una cult is Barcelona; for example, they were responsible for bringing out Mariscal's world-famous Bar-cel-ona T-shirt. Interior design and concept: B. Szenczi, J. A. Mañas and V. Ferran Martinell (1977).

La Impremta del Carrer París París, 175. Tel. 200 75 90.

La víspera de Navidad media Barcelona recurre a esta tienda en busca de una idea para el regalo más difícil de la lista. Objetos para todos los gustos, ocasiones, edades y sexos; desde agendas con estampados de William Morris hasta artículos divertidos de sex-shop, pasando por despertadores alemanes, plumas estilográficas, maletas y ositos de peluche de importación.

On Christmas Eve half of Barcelona pays a visit to this shop in search of a gift idea for the most difficult person on their list. Objects to suit all tastes, every occasion, any age, either sex; from diaries with William Morris print covers through to fun articles from the sex-shops, by way of German alarm clocks, fountain pens, cases and imported teddy bears.

Items d'ho Bulevard Rosa-Diagonal, 474. Tel. 218 45 86.
Bulevard Rosa-Pedralbes. Tel. 419 06 80.
Bulevard Rosa-Pg. de Gràcia, 55.
Tel. 216 09 41.

Regalos para los más *yuppies*. Todo en negro, cromado o madera: sofisticados artilugios para enólogos, Cobis relucientes, lujosas plumas estilográficas, juegos de afeitar rusos y, no podía faltar, cafeteras de Alessi.

Gifts for the yuppiest of them all. Everything here is black, chromed or in wood: sophisticated gadgets for wine buffs, gleaming Cobis, luxury fountain pens, Russian shaving sets and, of course, Alessi coffee pots.

OCIO
LEISURE

LOCALES NOCTURNOS
NIGHTSPOTS

Bijou Lluís Antúnez, 24-26.
Tel. 218 96 77.

Minúscula y preciosa joya diseñada por Gabriel Ordeig y Tonet Sunyer en 1983. Aquí, lejos del desenfreno nocturno, reducidos grupos de intelectuales y demás amantes de la tertulia ligera se toman un cóctel preparado por el único barman que cabe en el local. Detalles sutiles y exclusivistas, como las paredes, estucadas en el color del fondo de un cuadro de Alma Tadema, y la puerta, con mecanismo de apertura automático.

A precious miniature, this little gem was designed by Gabriel Ordeig and Tonet Sunyer in 1983. Here, far from the more frenetic nightlife, small groups of intellectuals and other lovers of good conversation meet over a cocktail prepared by the lone barman (the place isn't big enough for two). The details, such as the way the plaster on the walls has the colour of the background in an Alma Tadema painting, or the mechanism which opens the door automatically, reveal a subtle exclusivity.

Boliche Diagonal, 510. Tel. 237 80 98.

Un panel con las cotizaciones de la Bolsa frente a la antigua barra podría ser representativo de un público tipo ejecutivo, de agentes de cambio, de *yuppies* o aspirantes a serlo. Sin embargo el Boliche es más que eso, aunque los asiduos denoten bastante conservadurismo. Marcado estilo años 50, rememorando la época en la que ya brillaba este local remodelado en 1982 por Jordi Galí. En su «trastienda», una carismática y siempre divertida bolera que le da nombre al lugar. Abierto desde las 18.

A board opposite the old wooden bar showing prices on the stock exchange might be taken to imply a clientele made up of executives, brokers, yuppies and would-be yuppies. However, the Boliche is more than that, even if the regulars are fairly conservative. The style is emphatically 50s, years when this bar --refurbished by Jordi Galí in 1982-- was already shining bright. The bowling alley in the back which gives the place its name is fascinating, and always fun. Open from 6pm.

Dos Torres Via Augusta, 300.
Tel. 203 98 99.

Una torre del Modernismo tardío transformada en una especie de «casa encantada» donde hacer el aperitivo al mediodía y tomar copas por la noche. Elementos secesionistas y modernistas reutilizados desde una perspectiva actual se superponen en este típico edificio del barrio de las Tres Torres. En verano un público formado en su mayoría por pijos de 3.ª clase invade la deliciosa terraza; aún así el lugar bien se merece una visita. Proyecto: Pep Zazurca (1987).

A grand late-*Modernista* house converted into a kind of «enchanted palace» in which to enjoy an aperitif before lunch or meet for a drink in the evening. Secessionist and *Modernista* elements, reemployed within a contemporary perspective, are superimposed on the building itself, typical of the Tres Torres district. In summer the terrace is invaded by a clientele largely

composed of loud nouveau rich youths, but even then the place is well worth a visit. The design project was carried out by Pep Zazurca in 1987.

Giardinetto Notte La Granada del Penedès, 22. Tel. 218 75 36.

En medio del frenesí nocturno que vive la ciudad, un idílico jardín, enorme *trompe l'oeil* obra magistral de Federico Correa y Alfonso Milà. Intimo y mágico, este ambiente convoca a un público selecto de intelectuales, arquitectos y residuos de la aristocracia catalana que forman tertulia alrededor de un cóctel o prueban las delicias que les sugiere la carismática Reyes: arroz de marisco, *fettucini* a la trufa y *panserotti ai funghi*, entre otras. Luz superfavorecedora y música jazz al piano acaban de redondear el carácter glamouroso de este restaurante-cocktail bar.
Premio FAD de Interiorismo 1973-74. De 20 a 3 de la madrugada. Precio medio 3.000 ptas. Cerrado domingos.
In the midst of the city's nocturnal frenzy is an idyllic garden, an enormous masterpiece of *trompe l'oeil* by Federico Correa and Alfonso Milá. Intimate and magical, this spot attracts a select clientele of intellectuals, architects and the remnants of the Catalan aristocracy, who meet to talk over a cocktail and sample the delicacies proffered by the charismatic Reyes: rice with seafood, *fettucini* with truffles and *panserotti* with mushrooms, among others. Tremendously flattering lighting and a jazz pianist put the finishing touches to the glamorous character of this restaurant-cocktail bar.
FAD Prize for Interior design 1973-74. Open from 8 until 3am. Average price - 3,000 ptas. Closed Sunday.

Gimlet Santaló, 46. Tel. 210 53 03.

Es en gran parte responsable del revival del culto al cóctel. A finales de los 70 lo intentó desde el pequeño local del Born y en 1982 triunfó en Santaló, zona inevitable de la noche barcelonesa. La barra y la coctelera —en una pequeña vitrina a modo de homenaje— son las grandes protagonistas del interiorismo, de inspiración años 50. El público es consciente de que aquí podrá saborear cócteles magistrales como el Dry Martini, uno de los mejores de la ciudad. Diseño de Marc Cuixart, Enric Granell y Ricard Guasch (1982). Abierto todos los días desde las 17.
This bar is largely responsible for reviving the cocktail cult. After starting out in small premises in the Born in the 70s, it moved on to triumph in Santaló, that indispensable centre of Barcelona nightlife, in 1982. The bar and cocktail shaker —enshrined in a little glass cabinet— share the major roles in its interior design, of 50s inspiration. The clientele are well aware that this is the place to savour magnificent cocktails, with a Dry Martini which is one of the best in the city. Designed by Marc Cuixart, Enric Granell and Ricard Guasch (1982). Open seven days a week from 5pm.

Merbeyé Pl. del Dr. Andreu s/n.

Al final del Tramvia Blau, una terraza con muchas palmeras ideal para aletargarse al sol durante un interminable aperitivo o para disfrutar de un coctel bajo las estrellas. El bar combina el glamour recuperado de las coctelerías de cine con detalles surrealistas y divertidos: una columna interrumpida permite el recorrido de las aspas del ventilador, el fluorescente de los servicios atraviesa la pared para iluminar al mismo tiempo ambos lados, los taburetes han sido tapizados con boinas, ... Autores: Fernando Amat y Francisco Bosch con colaboración de Mariscal (1978). De las 11 de la mañana hasta las 3 de la madrugada.
At the terminus of the blue tram line, a terrace with plenty of palm trees, ideal for lazing in the sun over an interminable aperitif or sipping a cocktail under the stars. The bar combines the glamour of a cocktail bar straight out of a Hollywood movie with amusing surrealist details: a column with a gap to allow the blades of the fan to pass through it, the fluorescent striplight in the toilets runs through the wall to illuminate both sides at once, the stools are covered with berets... designed by Fernando Amat and Francisco Bosch, with the assistance of Mariscal (1978). Open from 11am until 3 in the morning.

Nick Havanna Rosselló, 208.
Tel. 215 65 91.

Uno de los genuinos bares «de diseño» de la noche, tan genuino que se ha convertido en lugar de visita obligada para turistas y curiosos, con lo que el público más *fashion* ha huido para no formar parte del espectáculo. Eduard Samsó lo ideó en 1986 y desde entonces la fórmula ha sido malamente copiada por muchos otros. Un espacio único incita mágicamente al movimiento constante: *yuppies*, periodistas y buscadores de presa deambulan entre la barra tapizada de piel de vaca y la barra móvil, pasan de butacas de Philippe Starck a las gradas donde se quedan «enganchados» al *video-wall*, conversan bajo la cúpula con péndulo o visitan urinarios a lo cataratas del Niágara. Abierto todos los días desde las 20.

One of the genuine «designer» bars, the Nick Havanna is so genuine it has become an obligatory port of call for tourists and the curious, with the result that its more fashionable customers have fled elsewhere to avoid being part of the show. Eduard Samsó came up with the original idea in 1986, since when the formula has been copied —badly— by many others. A single space creates a magical compulsion to be constantly in movement: yuppies, journalists and big game hunters prowl between the cowskin upholstered bar and the other, mobile, bar; wander from the Philippe Starck armchairs to the benches where they get hooked by the video-wall; chat under the pendulum in the dome, or visit the toilets *a la* Niagara Falls. Open seven days a week from 8pm.

Otto Zutz Lincoln, 15.
Tel. 238 07 22.

Sigue siendo el santuario de la modernidad. Un espacio imponente con un diseño duro y cierto aire neoyorquino donde confluye inevitablemente lo más *fashion* de la ciudad, llegado el momento oportuno. Abajo, la luz de los focos «Zutz», niños «Gaultier» siguen frenéticos el ritmo que impone D.J. Fernando Cerviño. Arriba vienen a parar todos los narcisistas, modelos, voyeurs y ambigüedades varias de la noche. La mesa de billar centra todas las miradas cuando el jugador reúne los requisitos de belleza establecidos. De tanto en tanto, actuaciones, presentaciones y desfiles de moda. Diseño: Guillem Bonet, Alicia Núñez y Jordi Parcerisas (1985). Imagen gráfica: Pati Núñez y Alfonso Sostres. Condiciones para entrar: a) pertenecer al clan o b) ser bello o c) ir vestido de Moschino y similares.

This is still the shrine of modernity. An impressive space, with hard design and a rather New York atmosphere which, at the right time of night, inevitably draws the city's most fashionable people. Downstairs, in the light of Otto's spots, the «Gaultier» youth move frenetically to the rhythms played by DJ Fernando Cerviño. Upstairs is the haunt of the vain, models, voyeurs and all the various ambiguities of the night. The billiard table is the focus of attention when the players meet the established criteria of beauty. Occasional live performances, presentations and fashion shows. Design: Guillem Bonet, Alicia Núñez and Jordi Parcerisas (1985). Graphic de-

sign: Pati Núñez and Alfonso Sostres. Conditions of entry: a) being one of the in-crowd, or b) being beautiful, or c) wearing Moschino or similar.

La Paloma Tigre, 27. Tel. 301 68 97.

Una de las pocas salas de baile supervivientes, de esas entre glamourosas y decadentes, con gran pista de baile, palcos y orquesta para bailar viejos éxitos en pareja. Público multicolor y sin problemas de imagen. Abierto jueves, viernes y sábados noche.
One of the last remaining dancehalls, somewhere between glamorous and decadent in character, with a large dancefloor, boxes around the balcony, and orchestra playing old favourites for couples to dance to. The clientele is richly varied and unconcerned with image. Open Thursday, Friday and Saturday night.

Satanassa Aribau, 27.

El antro más underground y decadente de la noche. Kitsch en todos los aspectos: la decoración, con murales eróticos y esculturas absurdas, la música, con temas de Rafaella Carrá y similares, pinchados por el D.J. star David Gil, y la clientela, compuesta por bellezas fornidas dispuestas a todo. Abierto todos los días hasta las 4. El fin de semana, impracticable.
The most underground and decadent of the city's nightspots. Kitsch in all its aspects: the decor, with erotic murals and absurd sculptures; the music, with tracks by Rafaella Carrá and the like, played by star DJ David Gil; and the clientele, composed of well-heeled beauties ready for anything. Open seven days a week until 4am. Impossible at the weekend.

Sí Sí Sí Diagonal, 442. Tel. 237 56 73.

La sugestiva luz procedente de unas enormes pantallas troncocónicas en perfecta alineación es, desde la calle, el mejor reclamo de este bar. Un interiorismo que reivindica los valores artesanales, una cuidada selección musical y un servicio compuesto siempre por bellezas llevaron a Sí Sí Sí a las puertas de un éxito rápido y sonado. Sin embargo éste se ha ido diluyendo, aunque los incondicionales siguen acudiendo prendados de su mágica luz y ahora sin necesidad de padecer agobios ni apretujones. Billar y actuaciones. Interiorismo de Gabriel Ordeig con colaboración de Carlos Riart, Nina Masó y Santi Roqueta (1985). Diseño gráfico: Ana de Tord. Cerrado domingos.
From the street, the bar beckons invitingly with the suggestive light shed by its enormous, perfectly aligned conical lampshades. An interior which upholds the values of craftsmanship, a well-chosen selection of music, and an always beautiful staff brought the Sí Sí Sí to the peak of its rapid and much talked-about success. However, this has since tailed off, although the die-hards are still there, captivated by the magic light, and now free of the crush and push of earlier times. Pool table and live performances. Interior design by Gabriel Ordeig, assisted by Carlos Riart, Nina Masó and Santi Roqueta (1985). Graphic design: Ana de Tord. Closed Sunday.

Snooker Roger de Llúria, 42.
Tel. 318 82 47.

Aunque se trate de uno de los primeros espacios nocturnos concebidos según los cánones de la postmodernidad, el papel estelar de este bar-club de billar lo tiene el snooker. Elementos tan diseñados como la fantástica caída abombada del techo o la «Silla Desnuda» de Carlos Riart, no agreden, sino que están al servicio de ese ambiente relajado que se crea en torno a las mesas de billar. Frecuentado por amantes del snooker, arquitectos e intelectuales de treintaitantos en adelante. Diseño de Santi Roqueta, Oleguer Armengol, Carlos Riart y Victor Mesalles (1984). Premio FAD de Interiorismo 85. Snooker, cócteles y «resopones» de 18 a 2.30 de la madrugada. Cerrado domingos.
Despite being one of the first nightspots conceived in terms of post-modern canons, the game of snooker has the starring role in this bar-cum-billiards club. Design elements as strong as the fantastic convex ceiling or Carlos Riart's «Nude Chair», far from jarring, contribute to the relaxed atmosphere created around the billiard tables. The place is frequented by snooker enthusiasts, architects and in-

tellectuals aged thirty-something and over. Design by Santi Roqueta, Oleguer Armengol, Carlos Riart and Victor Mesalles, 1984. FAD prize for interior design 1985. Snooker, cocktails and nightcaps from 6pm until 2.30 in the morning. Closed Sunday.

Torres de Ávila,
ver *Poble Espanyol.*
see *Poble Espanyol.*

Universal Marià Cubí, 184.
Tel. 201 46 58.

Inaugurado el 17 de enero de 1985, el Universal es ya un clásico inamovible, indispensable en cualquier recorrido nocturno correcto. En un viejo caserón de principios de siglo, dos ambientes claramente diferenciados. Abajo, en una atmósfera entre neoyorquina y mediterránea, lo más resistente de la noche se apiña alrededor de una barra que rompe el gran espacio en diagonal. Lo último en música seleccionado por Sabin Ondarra y sugestivas fotos de Helmut Newton proyectadas sobre el muro de ladrillo visto. Arriba, como en un eterno final de fiesta, donde las luces se empiezan a encender y el murmullo de las voces superpuestas es ya la única música se da cita la élite del diseño, la fotografía y quienes tienen acceso a su complicidad. Este gran espacio es utilizado también para actividades culturales y sociales. Los artífices son Claret Serrahima, Toni Riera, Cesc Montseny y Salvador Molins. Como siempre, mejor entre semana.
Opened on 17th of January 1985, the Universal is already an unshakable classic, an indispensable part of any self-respecting night on the tiles. Two clearly differentiated atmospheres reign within an old town house from the beginning of the century. Downstairs, with a tone somewhere between New York and the Mediterranean, those who can stay the course gather around the bar which splits the great space on the diagonal. The latest music, chosen by Sabin Ondarra, and suggestive Helmut Newton photos projected onto the bare brick wall. Upstairs, where the mood is like an eternal last hour of the party, with the lights starting to come on and the composite murmur of voices the only music, is a meeting place for élite designers, photographers, and their confidantes. The large space here is also used for cultural and social events. The Unviersal's creators are Claret Serrahima, Toni Riera, Cesc Montseny and Salvador Molins. As usual, it's best during the week.

Up & Down Numància, 179.
Tel. 204 88 09.

Con casi 10 años de existencia y pese a los esfuerzos de la competencia, Up & Down se ha consolidado como la discoteca de la *Beautiful People.* El restaurante-disco del Up reúne a la jet barcelonesa y a los vips de paso por la ciudad. En el Down, los hijos de éstos hacen sus primeros pinitos al son de una música que alterna las últimas novedades con los temas que pide el público. La pista de baile suele estar rodeada por voyeurs de más edad procedentes del Up... Los martes, actuación de grupos de jazz y los miércoles, sevillanas. Dolly Fontana se encarga de que todo marche bien. Proyecto de Federico Correa y Alfonso Milá (1981). Entrada selectiva; en el Up, prohibidas las zapatillas deportivas y obligada la americana.
After almost ten years in existence, and despite the efforts of the competition, Up & Down has firmly established its space as the discotheque of the Beautiful People. The Up(stairs) restaurant-disco gathers together the Barcelona jet set and visiting VIPs, while Down(stairs) their sons and daughters make their first moves to the sound of the latest releases, interspersed with special requests. The dancefloor is usually ringed by older onlookers from the Up... on Tuesday nights there's live jazz, and on Wednesdays, Sevillanas. Dolly Fontana makes sure everything goes just right. Designed by Federico Correa and Alfonso Milá, 1981. Admission is fairly selective; sports shoes are not allowed in the Up, and a jacket is essential.

Velvet Balmes, 161.

Un disco-bar producto de un delirio de diseño total. Alfred Arribas, quien lo ideó en 1987, se ha recreado en un proyecto abigarrado hasta lo barroco, con gran derroche de formas y materiales. Terciopelo, pizarra, cristal, ace-

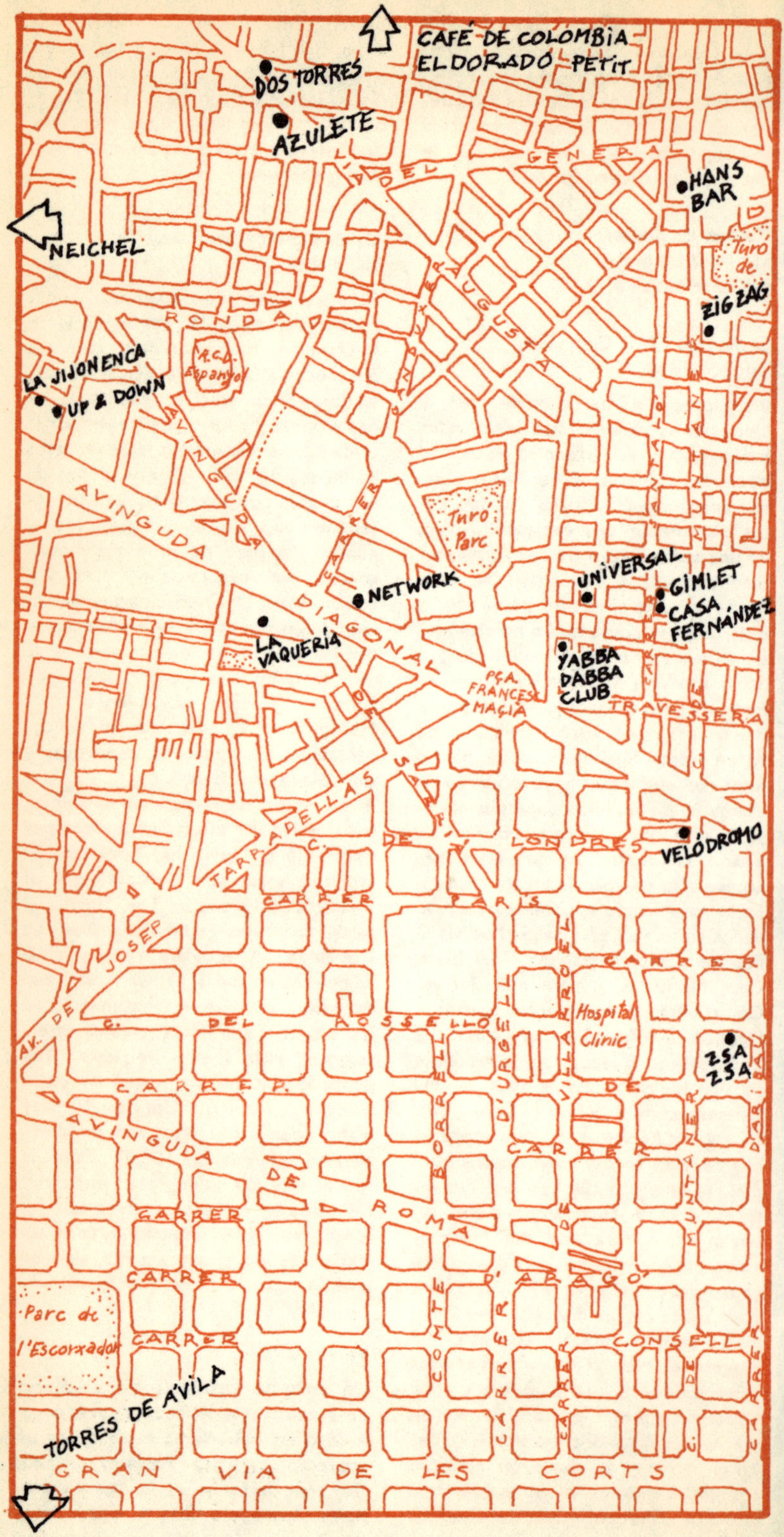
CAFÉ DE COLOMBIA
ELDORADO PETIT
DOS TORRES
AZULETE
HANS BAR
NEICHEL
Turó de
ZIG ZAG
RONDA
AUGUSTA
R.C.D. Espanyol
LA JIJONENCA
UP & DOWN
AVINGUDA
AVINGUDA DIAGONAL
Turó Parc
NETWORK
UNIVERSAL
GIMLET
CASA FERNÁNDEZ
LA VAQUERÍA
YABBA DABBA CLUB
PÇA. FRANCESC MACIÀ
TRAVESSERA
TARRADELLAS
C. DE LONDRES
VELÓDROMO
CARRER PARIS
JOSEP
AV. DE
C. DEL ROSSELLÓ
Hospital Clínic
ZSA ZSA
AVINGUDA DE ROMA
CARRER D'ARAGÓ
CONSELL
Parc de l'Escorxador
TORRES DE ÁVILA
GRAN VIA DE LES CORTS

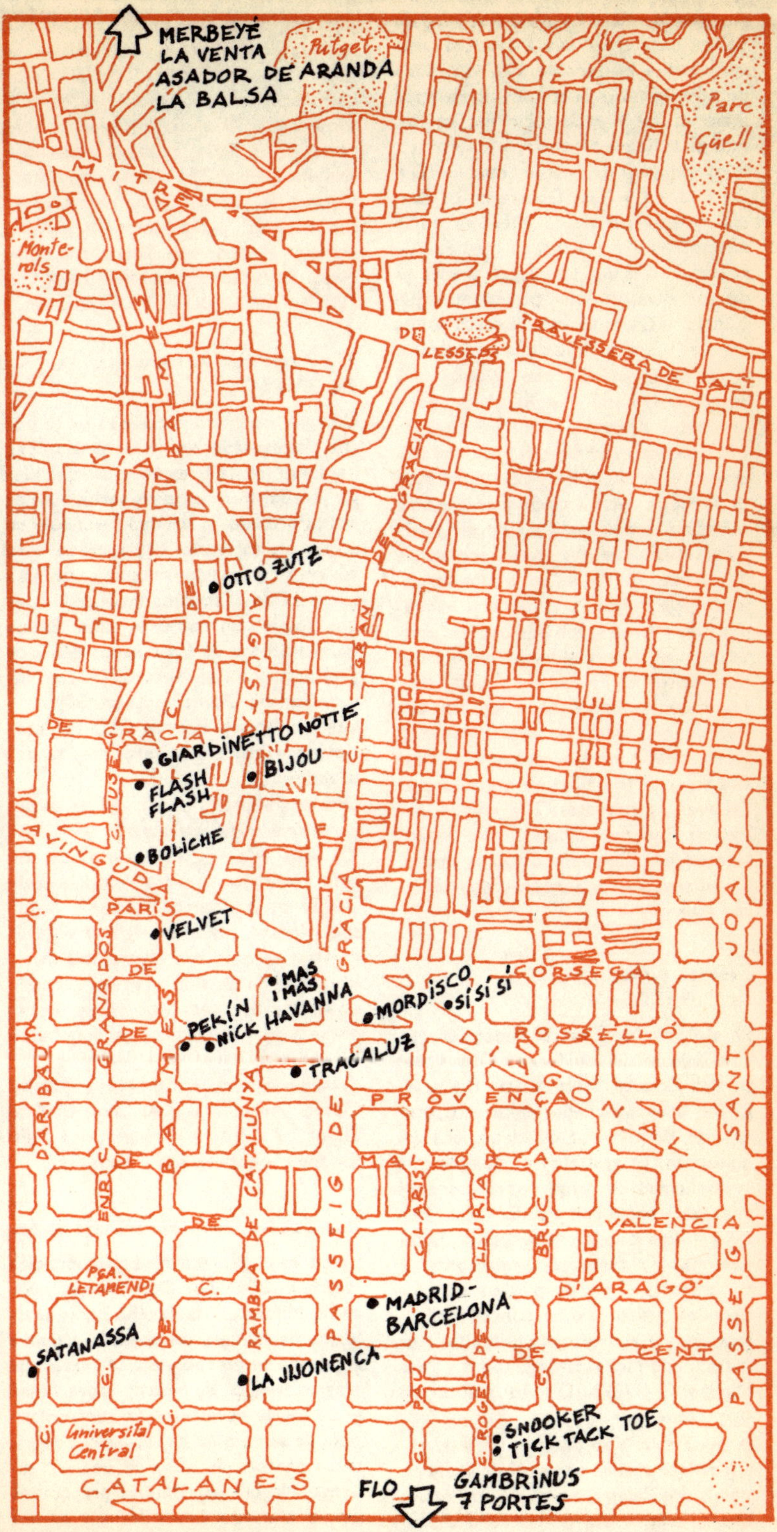
MERBEYÉ
LA VENTA
ASADOR DE ARANDA
LA BALSA
Putget
Parc Güell
MITRE
Monterols
DE LESSEPS
TRAVESSERA DE DALT
VÍA AUGUSTA
GRAN DE GRÀCIA
OTTO ZUTZ
DE GRÀCIA
GIARDINETTO NOTTE
FLASH FLASH
BIJOU
BOLICHE
VELVET
C. PARÍS
MAS I MAS
PEKÍN
NICK HAVANNA
MORDISCO
SÍ SÍ SÍ
CÒRSEGA
ROSSELLÓ
TRAGALUZ
PROVENÇA
MALLORCA
VALÈNCIA
D'ARAGÓ
DE CENT
MADRID-BARCELONA
SATANASSA
LA JIJONENCA
PSG. LETAMENDI
RAMBLA DE CATALUNYA
PASSEIG DE GRÀCIA
PASSEIG SANT JOAN
C. ARIBAU
C. BALMES
C. ENRIC GRANADOS
C. CLARIS
C. PAU CLARIS
C. ROGER DE LLÚRIA
C. BRUC
C. TUSET
SNOOKER
TICK TACK TOE
Universitat Central
CATALANES
FLO
GAMBRINUS
7 PORTES

ro, gresite, madera y piedra se alían en Velvet para crear una atmósfera provocadora y entrañable a la vez, llena de nostálgicas evocaciones de tiempos mejores. En el repertorio musical temas de la Tamla Motown, y los martes, *Party Dancing* de los 60, con los D.J. Jordi Lloria y Xavi Guerrero. La calidad y estética de la clientela bajan exactamente en la misma medida que avanza la semana. La imagen gráfica es de sus dueños, los polivalentes Juli Capella y Quim Larrea. Abierto todos los días hasta las 4.30 de la madrugada.
A disco-bar which is the product of a delirium of total design. Alfred Arribas, who dreamed it all up back in 1987, has enjoyed himself with a multifarious scheme which goes all the way to baroque, with a great extravagance of forms and materials. Velvet, slate, glass, steel, gresite, wood and stone join forces in Velvet to create an atmosphere which is at once provocative and intimate, full of nostalgic evocations of better times. The musical repertoire is essentially Tamla Motown, with Party Dancing to 60s sounds on Tuesdays, with DJs Jordi Lloria and Xavi Guerrero. The class and style of the clientele decreases as the week progresses. The graphic design is by the owners, the multifaceted Juli Capella and Quim Larrea. Open seven days a week until 4.30 in the morning.

Zeleste Almogàvers, 122.
Tel. 309 12 04.

En el Poble Nou, recién redescubierto con motivo de los Juegos Olímpicos, se alza Zeleste, multiespacio del ocio. Como un hangar laberíntico este gran espacio desprovisto de elementos arquitectónicos gratuitos es flexible a la multiplicidad de usos que impone el programa socio-cultural del local. Tres salas —una con capacidad para 3.000 personas—, terrazas, restaurante y bar privado. Tipo de público en función del carácter de los conciertos, actuaciones y actividades culturales. Autores: Pepe Mora, Silvia Gubern y Pilar Mangrané (1988). Diseño gráfico de Angel Jové.
In the Poble Nou district, recently rediscovered thanks to the '92 Olympics, stands the Zeleste, a complex of leisure spaces. Like a labyrinth around a hangar, this huge area —free of all unnecessary architectural elements— is flexible enough for the multiplicity of uses required by its social and cultural programme. Three halls —one with capacity for 3,000—, terraces, restaurant and private bar. The clientele varies according to the particular character of the concert, performance or cultural activity in progress. Designers: Pere Mora, Silvia Gubern and Pilar Mangrané (1988). Graphic design by Ángel Jové.

Zig Zag Plató, 13/Muntaner.
Tel. 201 62 07.

Uno de los grandes clásicos de la noche. Inaugurado en 1976, el Zig Zag fue impulsor de la estética fría que luego invadió por contagio varios locales nocturnos de la ciudad. Aunque su época de esplendor haya pasado, este bar-musical puede presumir de una clientela de acérrimos incondicionales que se sienten como en casa. Buena música a base de los clásicos del rock y el pop, y billar. Autores: Alicia Núñez, Ramón Olives, Antxón Gómez y Guillem Bonet. Premio FAD de Interiorismo 1980 por la reforma y la ampliación.
One of the great, classic venues of the Barcelona night. Opened in 1976, the Zig Zag was the inspiration for the cold aesthetic which subsequently caught on in a number of other nightspots in the city. Although its days of greatest splendour are past, this music bar can still count on a regular clientele of faithful devotees who really feel at home here. Good music, solidly based on the classics of rock and pop, and pool. Designers: Alicia Núñez, Ramón Olives, Antxon Gómez and Guillem Bonet. FAD interior design prize 1980 for the conversion and extension.

Zsa Zsa Rosselló, 156. Tel. 253 85 66.

La luz es el *leitmotiv* de esta coctelería ideada en 1989 por Dani Freixes y Vicente Miranda. Y la excelsa pared traslúcida de madera de abedul, el punto álgido de su escenografía. A través del mágico juego de intensidades, este gran muro revestido de metacrilato pasa de ser espejo del espacio a gigantesca pantalla difusora de una luz sublime. Magníficos cócteles preparados por el afamado Ginés Pérez y música

con sabor latino. La clientela no llega a estar a tono con el local, pero, sin lugar a dudas, se recomienda la visita. A lo largo de la entrada, un collage de alfombras realizado por Peret, autor de la imagen gráfica.

Light is the leitmotif in this cocktail bar designed by Dani Freixes and Vicente Miranda in 1989. Light, and the celestial translucent wall of birch wood, the culmination of the entire scenographic exercise. With the magical play of intensities of light on this great expanse of polycarbonate-clad wall it goes from mirroring the whole space to being a giagantic screen diffusing a sublime light.
Magnificent cocktails prepared by the famous Ginés Pérez, and music with a Latin flavour. Although the clientele fails to live up to the tone set by the space itself, it is without doubt well worth a visit. Running the length of the entrance wall is a collage of carpets by Peret, creator of the graphic image.

MAR
SEA

Tropical Tallinaires s/n. Gavà-mar. Tel. 662 22 64.

Una iniciativa más, acertada, como siempre, de Oriol Regás, promotor también de Up & Down: un club para los vips —y menos vips— que se resisten a renunciar al placer del mar sin apenas salir de Barcelona. Piscina, *beach club*, restaurante, salón-comedor, piano-bar y servicios conforman un conjunto de tres niveles que parece haber estado siempre allí, pero que fue concebido por Mercedes Badal en 1988. El salón, con vistas al mar, está decorado con un *trompe l'oeil* de Víctor Pérez Porro. Proyecto paisajista de Beth Figueras.
Another of the initiatives of Oriol Regás, who also promotes the Up & Down, and once again he gets it just right: a club for VIPs —and sub-VIPs— who refuse to renounce the pleasures of the sea without having to go further than the immediate outskirts of Barcelona. Swimming pool, beach club, restaurant, private dining room, piano bar and services make up a complex laid out over three levels which has the air of having always been there, yet was conceived by Mercedes Badal as recently as 1988. The decor in the saloon, with views of the sea, is by Víctor Pérez Porro. Landscaping by Beth Figueras.

NIÑOS
CHILDREN

Museu de la Ciència Teodor Roviralta, 55. Tel. 317 57 57.

Un museo apasionante para indagar en los enigmas de la ciencia experimentando personalmente las leyes físicas que rigen nuestro planeta. A la sala «Clik dels nens», cuyo diseño es de Mariscal y de Alfred Arribas, sólo tienen acceso los niños hasta 10 años como bien sugieren las dimensiones de la puerta, no aptas para adultos. Cuenta también con un planetarium y con exposiciones periódicas. Ampliación y reforma: Jordi Garcés-Enric Sòria (1980). Abierto de 10 a 20. Lunes cerrado.
A fascinating museum in which to explore the enigmas of science through personal experience and experiments with the physical laws governing our planet. The «Clik dels nens» room, designed by Mariscal and Alfred Arribas, is exclusively for children up to the age of ten, as the size of the door, too small for grown-ups, makes clear. There is a planetarium, and frequent special exhibitions. Extension and refurbishment by Jordi Garcés and Enric Sòria (1980). Open from 10 am until 8 pm. Closed on Monday.

Tibidabo Acceso: Servicio especial de autobuses desde la plaza John Ken-

nedy o combinación de Tramvia Blau y Funicular.

Desde el verano de 1989 el Parque de Atracciones del Tibidabo, fundado en 1899, funciona con aires renovados. Un factor esencial de la reforma ha sido la restauración de antiguas atracciones como el entrañable avión, considerado antaño un entrenamiento preliminar para los viajeros aéreos, o el famoso Museo de Autómatas; máquinas mágicas de principios de siglo como la gitana que te proporciona tu foto a los 80 años o la popular orquesta de negros. En el restaurante La Masía, antiguo hotel remodelado y redecorado con acierto por Jordi Galí, se ofrece una cocina tradicional selecta. Horario y días de apertura en función de la época del año (información: Tel. 900 300 466).

Since summer 1989 the funfair on Tibidabo, opened in 1899, has had a new, improved look. One essential ingredient in the renovation was the restoration of old favourites such as the delightful aeroplane, regarded in the past as preliminary training for those intending to travel by air, or the famous Automaton Museum, with artefacts from the turn of the century like the gypsy who'll take a photo showing you at 80, or the popular negro orchestra. The *La Masía* restaurant, an old hotel skilfully remodelled and redecorated by Jordi Galí, offers select traditional fare. Times and days of opening vary according to season (for information, phone 900 300 466).

TEATROS
THEATRES

Gran Teatre del Liceu Rambla, 61.
Tel. 318 91 22.

El teatro de la ópera del Liceu, inaugurado en 1848, es uno de los más prestigiosos del mundo; con temporadas de ópera alemana, italiana y rusa, conciertos y ballet, pasan por él los mejores cantantes y bailarines. Actualmente está en proyecto una reforma y ampliación a cargo del arquitecto Ignasi de Solà-Morales, que prevé la actualización del escenario y de sus recursos tecnológicos, la mejora de la seguridad del edificio y sus accesos y el confort de los servicios. Todo ello respetando, por supuesto, la sala, única en el mundo y sólo superada en dimensiones por la Scala de Milán.

The Liceu opera house, opened in 1848, is one of the most prestigious in the world; with seasons of German, Italian and Russian opera, concerts and ballet, it has hosted the finest singers and dancers. They have recently commissioned a refurbishment and extension project from the architect Ignasi de Solà-Morales which will include the modernization of the stage and technical facilities, improving the safety and security of the building and its accesses and the comfort of the services. The scheme will, of course, respect the original auditorium, unequalled anywhere else in the world and only exceeded in dimension by the Scala in Milan.

Mercat de les Flors Lleida, 59.
Tel. 426 18 75/426 21 02.

Este insólito espacio, durante muchos años mercado de las flores de la ciudad, forma parte del Palacio de la Agricultura construido con motivo de la Exposición Internacional de 1929. Un proyecto municipal lo transformó en los años 80 en los actuales espacios A y B, lugares idóneos para espectáculos vanguardistas como el ballet de Pina Bausch o los espeluznantes performances de La Fura dels Baus. La cúpula está decorada con un fresco de Miquel Barceló.

This surprising space, for years the city's main flower market, is part of the Palace of Agriculture built for the 1929 International Exposition. In the 80s a City Council project transformed it into its present form, with spaces A and B, ideal venues for avant-garde performances such as Pina Bausch's ballet or the blood-curdling spectacles of the Fura dels Baus. The dome is decorated with a fresco by Miquel Barceló.

Teatre Lliure Montseny, 47.
Tel. 218 92 51.

En el pequeño Teatre Lliure, situado en el corazón del carismático barrio de Gràcia, se representan obras clásicas y espectáculos vanguardistas y, por

añadidura, tiene el aliciente de contar con su propio restaurante, donde se reúne el público en los descansos. La escenografía corre habitualmente a cargo de Fabià Puigcerver, quien consiguió en 1975 el premio FAD por el interiorismo del teatro.

The little Teatre Lliure in the heart of the charismatic Gràcia district, puts on both classics and avant-garde work, as well as having the added advantage of its own restaurant, where the audience can gather in the interval. The stage design is usually by Fabià Puigcerver, who won the FAD interior design award for her fitting out of the theatre.

TURISMO
TOURISM

Poble Espanyol Marqués de Comillas, s/n.

Ya no se sabe si es kitsch, interesante o, incluso, fascinante, pero, indudablemente, esta selección de reproducciones de la arquitectura regional española es un conjunto bastante especial. Rincones de Galicia, Castilla, Andalucía, Cataluña, etc. aparecen juntos y revueltos en este pueblo artificial y *typical Spanish* construido en Montjüic con motivo de la Exposición Internacional de 1929. El cambio de imagen por el que atraviesa actualmente pretende que el Poble Espanyol entre a formar parte del programa de ocio nocturno de los barceloneses, con locales como el *Sam's Jazz Club*, el bar de tapas *Toroo* y el recién inaugurado *Torres de Ávila*, el local nocturno con más símbolos y virguerías de Barcelona, lleno de una magia premeditadísima y proyectada por Alfred Arribas y Javier Mariscal. Recomendado el terrado, con panorámica sobre la ciudad de noche.

It's impossible to tell any more whether the place is kistch, interesting or, perhaps, fascinating, but this collection of reproductions of Spanish regional architecure is undoubtedly a rather special complex. Little corners of Galicia, Castille, Andalucia, Catalunya and so on sit side by side, all thrown together in this artificial and «typically Spanish» village constructed on Montjuïc for the international Exhibition of 1929. The current change of image is an attempt to make the *Poble Espanyol* part of Barcelona's nightlife, with attractions which include *Sam's Jazz Club*, the *Toroo* tapas bar, and the recently opened *Torres de Ávila*, the nightspot with most symbols in Barcelona, full of carefully thought out magic and designed by Alfred Arribas and Javier Mariscal. By night, the panoramic view over the city from its roof is highly recommended.

GALERÍAS Y SALAS DE EXPOSICIONES
ART GALLERIES AND EXHIBITION SPACES

ZONA CONSELL DE CENT
CONSELL DE CENT AREA

Ciento Consell de Cent, 347.
Tel. 215 63 65.

De la mano de Marisa Díaz, ésta es una de las salas pioneras en la apuesta por artistas españoles que, como J.M. Broto, Carlos Pazos y Ramón Herreros, han encontrado en estos últimos años su justo reconocimiento, situándose en primera línea del arte español. La sala fue diseñada en 1974 por Pepe Pratmarsó y remodelada en 1985 por Santi Roqueta y Carlos Riart.
Founded and run by Marisa Díaz, this gallery has been and still is one of the pioneers in championing Spanish artists such as J. M. Broto, Carlos Pazos and Ramón Herreros, who have attained due recognition in recent years, taking their place in the front ranks of Spanish art. The gallery was designed in 1974 by Pepe Pratmarsó and renovated in 1985 by Santi Roqueta and Carlos Riart.

Dau al Set Consell de Cent, 333.
Tel. 301 12 36.

En sus inicios se concentró en la difusión del arte moderno catalán como el que hacían Tàpies, Ponç, Miró y Cuixart. Actualmente pasa por Dau al Set la más selecta vanguardia de artistas nacionales e internacionales de la mano de Salvador Riera. Entre muchos otros, Miquel Barceló, José María Sicilia, Menchu Lamas, J. Uclés, J.M. Basquiat y colectivas con A.R. Penck, Julian Schnabel, Andy Warhol,... El diseño, con una fachada muy representativa de los 70, es de Jordi Galí (1973).
When it first started, this gallery concentrated on promoting Catalan art such as that being produced by Tàpies, Ponç, Miró and Cuixart. These days, Salvador Riera chooses from among the cream of the Spanish and international avant garde to exhibit in Dau al Set. Among a host of others, he has organized shows of Miquel Barceló, José María Sicilia, Menchu Lamas, J. Uclés, J. M. Basquiat, and group exhibitions including work by A. R. Penck, Julian Schnabel, Andy Warhol,... The design of the premises, with a very typically 70s facade, is by Jordi Galí (1973).

Joan Prats Rbla. Catalunya, 54.
Tel. 216 02 84.

Josep Lluís Sert fue el encargado de adaptar en 1975 los bajos de este edificio del arquitecto Vilaseca para su uso como sala de exposiciones. La fachada de vidrio policromado, transplantada de una tienda de 1845, es un claro signo de identidad. Cuatro salas permiten crear zonas de contenidos diferenciados dentro de una línea que toma el arte de vanguardia como eje central. Obra de Hernández Pijuan, Ràfols Casamada, Christo, Lam, Brossa y un largo etcétera.
Josep Lluís Sert was commissioned to convert the ground floor of this building by the architect Vilaseca for use as an exhibition space in 1975. The stained glass facade, which was taken from an 1845 shopfront, is a clear identifying feature. The gallery has four rooms, making it possible to present different types of content —all within the same general avant garde line pursued by the gallery— in different areas. Work by Hernández Pijuan, Ràfols Casamada, Christo, Lam, Brossa and a long list of others.

Sala Gaspar Consell de Cent, 323. Tel. 318 87 36.

Con una de las salas privadas de más metros cuadrados y con un plantel de artistas de lo más diverso y sugerente, esta galería se ha ido convirtiendo con el paso de los años en una de las instituciones de la ciudad. Su prestigio se ha ido transmitiendo de generación en generación, en el seno de una de las familias —la de los Gaspar— con mayor tradición galerista.
One of the largest private exhibition spaces in the city, with a very varied and interesting roster of artists, over the years this gallery has become something of an institution in the city, growing in prestige as it has passed on from one generation to the next of the Gaspar family, with its long history on the Barcelona gallery scene.

Carles Taché Consell de Cent, 290. Tel. 318 18 87.

Un espacio blanco, neutro y aséptico, con luz cenital ha sido desde 1986 el marco adecuado por el que han desfilado figuras como Tàpies, Saura o Arroyo y artistas importantes como Jordi Colomer, Víctor Mira, Jaume Plensa,... que han convertido a esta galería en la única sala del país especializada en arte español contemporáneo.
A white, neutral, aseptic space, lit from above, which has, since 1986, provided a suitable setting for a procession of such major figures as Tàpies, Saura and Arroyo, and other important artists, including Jordi Colomer, Víctor Mira, Jaume Plensa, and so on, making this the only commercial gallery in the country specializing in contemporary Spanish art.

ZONA BORN
BORN AREA

Arcs & Cracs Flassaders, 42. Tel. 310 37 34.

Tras una inteligente remodelación realizada en 1989, Arcs & Cracs ha conseguido convertir en galería de arte estas antiguas y abandonadas dependencias de la fábrica de la moneda. 425 m^2 repartidos en dos plantas están abiertos a artistas procedentes de distintos campos. artes plásticas, audiovisuales, instalaciones,... Siempre sin limitación de edad, tendencia y técnica. Entre los jóvenes creadores que han expuesto: Javier Garcés, Carles Pujol y Rafael Romero.
By means of an intelligent conversion, carried out in 1989, Arcs & Cracs has managed to convert what were previously the old and derelict premises of a former coin factory into an art gallery. An area of 425 m.^{2} distributed over two floors is at the disposal of artists from different fields: the plastic arts, audio-visual art, installations... with no restrictions on age, tendency or technique. Among the younger artists who have exhibited here are Javier Garcés, Carles Pujol and Rafael Romero.

Benet Costa Comerç, 29. Tel. 310 16 84.

De entre los numerosos espacios que ofrece el Born como posibles emplazamientos de una galería, Benet Costa escogió un antiguo edificio de Fontseré y Mirko Mejetta se encargó de remodelarlo en 1988. El espacio resultante, frío y neutro, de suelo de hormigón y paredes blancas de cemento, se adapta perfectamente a la línea defendida por la galería: conceptual y minimalista. Antoni Muntadas, Leonel Moura, Antoni Parramón y Carlos Pazos son algunos de los artistas que han pasado por aquí.
Out of the many different spaces available in the Born as possible sites for a gallery, Benet Costa chose an old building by Fontseré, and Minko Mejetta undertook the conversion in 1988. The resulting space, cold and neutral, with a concrete floor and white-painted concrete walls, is perfectly suited to the conceptual and minimalist line championed by the gallery. Antoni Muntadas, Leonel Moura, Antoni Parramón and Carlos Pazos are just some of the artists to have exhibited here.

Lino Silverstein Antic de Sant Joan, 3. Tel. 319 24 39.

Cuando una antigua carpintería es hoy una galería de arte contemporáneo de vanguardia exenta de etiquetas y con-

vencionalismos, las obras se muestran libres y espontáneas. A estos 100 m^2 de Nueva York en el Born, Fernando Alcolea dedica lo más lanzado, lo más joven, lo más atrevido y a veces lo más kitsch.
In this former carpenter's workshop now converted into a gallery of avant-garde contemporary art, without labels and unbound by convention, the works on show have a great freedom and spontaneity. To these 100 $m.^2$ of New York in the Born, Fernando Alcolea brings the most unconstrained, the youngest, the most daring, and at times the most kitsch.

Maeght Montcada, 25. Tel. 310 42 45.

Esta delegación autónoma del grupo Maeght desarrolló en los 70 un importantísimo papel, dando a conocer, de la mano de Francesc Farreras, obra de artistas españoles que, como Chillida, Palazuelo y Tàpies, habían tenido dificultades en exponer en su propio país. Situada en un palacio medieval de la calle Montcada, la Maeght tiene previsto abrir un nuevo espacio dedicado exclusivamente a la obra gráfica, dado el éxito obtenido con la publicación de colecciones itinerantes de este tipo.
This autonomous foundation belonging to the Maeght group played an extremely important part in the 70s, in bringing to the public notice, under the direction of Francesc Farreras, Spanish artists such as Chillida, Palazuelo and Tàpies who had been having difficulty in exhibiting in their own country. Situated in a mediaeval palace in Montcada street, the Maeght's plans include the opening of a new space devoted exclusively to graphic work, in view of the success of their visiting exhibitions of this kind.

Museu Picasso Montcada, 15.
Tel. 319 74 02.

Un palacio del siglo XV fue el marco elegido para ubicar el legado de Picasso a Barcelona, una colección que recoge obra de los inicios de su trayectoria. El museo presenta además muestras antológicas de artistas y movimientos relacionados con la vida y la obra de Picasso: Braque, Matisse, Duffy, Bonnard, Redon,... Ampliación y remodelación a cargo de Jordi Garcés y Enric Sòria (1981 y 1986). Apetitosa oferta gastronómica en el *Café del Museu*.
A 15th century palace was chosen as the setting to house Picasso's bequest to Barcelona, a collection which brings together a considerable range of work from the outset of his artistic career. In addition, the Museu presents anthologies of the work of artists and movements associated with Picasso: Braque, Matisse, Dufy, Bonnard, Redon, etc. The conversion and extension scheme was designed and carried out by Jordi Garcés and Enric Sòria, (1981 and 1986). The *Café del Museu* offers an appetising selection of dishes and snacks.

Sala d'Exposicions de la Fundació Caixa de Pensions Montcada, 14.

Dentro de las iniciativas culturales vinculadas a esta importante entidad bancaria y financiera, la sencilla sala de la calle Montcada está exclusivamente dedicada a la divulgación. Encontrarás trabajos y propuestas artísticas de las denominadas «últimas tendencias».
Forming part of the range of cultural initiatives promoted by this important banking and financial institution, the simple exhibition gallery in carrer Montcada is exclusively devoted to the popularizing of the art of the so called «latest tendencies».

ZONA ALTA
UPPER CITY AREA

Fernando Alcolea Sant Gregori Taumaturg, 7. Tel. 209 27 79.

En su amplia sala, situada en la planta baja de un lujoso edificio de apartamentos, pueden encontrarse habitualmente trabajos de artistas internacionales con aún poca proyección en nuestro país. Además la galería apuesta por las jóvenes figuras del arte español tanto aquí como en el extranjero a través de su flamante nueva galería neoyorquina.
This spacious room, in the ground floor of a luxury apartment building, regularly features work by artists of international standing who are as yet

little known in Spain. The gallery also promotes the younger Spanish artists, both in Barcelona and abroad, through its brilliant New York showroom.

Alejandro Sales Ganduxer, 37.

A pesar de las reducidas dimensiones de la sala, ésta posee una marcada personalidad fruto de la intervención de los interioristas Damián Sánchez y Roser Rosselló. Creada en 1989, esta joven galería se dedica casi exclusivamente a la pintura contemporánea, con dos ideas muy claras, que sea joven y, sobre todo, nueva.

Despite the limited dimensions of this salon, it has a clearly special character, the result of the intervention of interior designers Damián Sánchez and Roser Rosselló. Established in 1989, this young gallery is dedicated exclusively to contemporary painting, with two extremely clear ideas: it must be young and, above all, new.

OTRAS GALERÍAS Y ESPACIOS
OTHER GALLERIES AND SPACES

Carles Poy Jupi, 4. Tel. 319 52 17.

Se trata de un espacio abierto en 1989, con personalidad propia y cargado de pequeños fragmentos de la historia de la ciudad. La respetuosa y acertada intervención en un viejo edificio de la parte antigua de la ciudad se manifiesta completamente coherente con su planteamiento: llegar a la calidad a partir de una visión estricta y austera del arte actual y del compromiso con los artistas expuestos. Lluís Bussé, Pedro Castro Ortega, Carles Guerra, M. Angel Beneyto, Joan Rom o Curro Ulzurum son algunos de los jóvenes artistas promovidos por este espacio alternativo.

This space was opened in 1989, with its own permanent staff, and is full of little fragments of the city's history. The conversion of this old building in the historic part of the city is just right, respecting the setting and completely coherent with the gallery's objective: to promote quality on the basis of a strict, austere vision of contemporary art and a commitment to the artists on show here. Lluís Bussé, Pedro Castro Ortega, Carles Guerra, M. Angel Beneyto, Joan Rom and Curro Ulzurum are amongst the young artists to be put on show in this alternative space.

Centre Cultural de la Fundació Caixa de Pensions Pg. de Sant Joan, 118. Tel. 258 89 07.

Dedicado a una función eminentemente divulgativa, este espléndido edificio neogótico del arquitecto modernista Josep Puig i Cadafalch fue convertido en centro cultural en 1978, bajo el auspicio de una importante entidad bancaria. Su principal objetivo está en dar a conocer al gran público movimientos históricos recuperados, así como figuras y escuelas de las vanguardias clásicas y de las últimas tendencias. Exposiciones de Leonardo da Vinci, Fortuny, Morandi, Fontana, Beuys y Baselitz, entre muchas otras.

This splendid neogothic building by the *Modernista* architect Josep Puig i Cadafalch, which was converted into a cultural centre in 1978, under the auspices of a major savings bank, has an essentially popularizing function. Its principle objective is to allow the general public to gain a greater understanding of key movements in art history, as well as individual figures and schools from the classics to the avant gardes to the latest tendencies. Exhibitions here have been devoted to Leonardo da Vinci, Fortuny, Morandi, Fontana, Beuys and Baselitz, among many others.

Centre d'Art Santa Mònica Rambla, 7. Tel. 412 12 72.

Este edificio del siglo XVII, antigua casa de los Agustines Descalzos y luego convento de Santa Mònica, se ha convertido con la remodelación efectuada por los arquitectos Helio Piñon y Albert Viaplana en un ejemplo emblemático del minimalismo abstracto. Dentro de la línea de actuación del centro ocupa un lugar importante la revisión de la vanguardia catalana, protagonizada por Dalí, Picasso, González, Tàpies, Brossa y Miró, entre otros. Por otro lado se presentan tam-

bién artistas de prestigio internacional y arte contemporáneo de otros países con exposiciones como «Artistas de Colonia» y «Made in Florida».

This 18th century building, originally a friary of the Barefoot Augustines and subsequently the convent of Santa Mónica, has been converted, in a recent scheme by architects Helio Piñon and Albert Viaplana, into an emblematic example of abstract minimalism. An important place in the new centre's programme of exhibitions has been devoted to the reassessment of the Catalan avant garde, consisting of Dalí, Picasso, González, Tàpies, Brossa and Miró. At the same time, the centre's policy is to present foreign artists of international standing, and contemporary art from other countries, with exhibitions such as the recent «Artists from Cologne» and «Made in Florida».

Col.legi Oficial d'Arquitectes de Catalunya Plaça Nova, 5.
Tel. 301 50 00.

El Col.legi alberga la única sala dedicada permanente y exclusivamente a la arquitectura, con muestras de concursos, exposiciones monográficas de obra de arquitectos y diseñadores y colectivas de movimientos arquitectónicos.

The Col.legi has the only exhibition space in Barcelona devoted exclusively to architecture, with competition entries and shows dealing with the work of individual architects and designers and group exhibitions covering movements in architecture.

Espai-Poblenou Pge. Saladrigas, 5-9.
Tel. 485 19 09.

En el barrio del Poble Nou, esta amplia y luminosa sala de 400 m² —antigua fábrica de asfalto— es, sin duda, uno de los proyectos galerísticos más interesantes de la ciudad. Jannis Kounellis, Jan Dibetts y Mario Merz han sido los tres creadores que han estrenado la joven sala.

Situated in the Poble Nou district, this light and spacious 400 m.² gallery —originally an asphalt works— is without doubt one of the most interesting exhibition spaces in the city. This young gallery was inaugurated with exhibitions by Jannis Kounellis, Jan Dibetts and Mario Merz.

Fundació Antoni Tàpies Aragó, 225.

A pesar de la gran polémica que ha suscitado, la Fundació está llamada a convertirse en uno de los emblemas de la ciudad, por la conjugación de dos elementos tan barceloneses como son la antigua editora Montaner i Simon, edificio del Modernismo temprano de Domènech i Montaner, y la escultura que lo corona, obra de Tàpies. El espacio, remodelado por Lluís Domènech y Roser Amadó en 1989, acoge permanentemente obra del pintor y está destinado a albergar también muestras de otros artistas contemporáneos.

In spite of the great controversy it has aroused, the Fundació is destined to become one of the symbols of the city thanks to the conjugation of two elements as redolent of Barcelona as are the former Montaner i Simon publishing house, an early *Modernista* building by Domènech i Montaner, and the sculpture which crowns it, the work of Tàpies. The space itself, remodelled by Lluís Domènech and Roser Amadó in 1989, provides a permanent home for the painter's work, and will also house pieces by other contemporary artists.

Fundació Joan Miró Parc de Montjuïc, Pl. Neptú s/n. Tel. 329 19 08.

Obra del arquitecto Josep Lluís Sert, la Fundació, además de presentar su amplio fondo de la obra del polifacético artista que le da nombre, muestra periódicamente retrospectivas de arte moderno y contemporáneo. En uno de los sótanos del edificio, el Espai 13, propone obras actuales y poco usuales

de artistas desconocidos para el gran público. Gastronomía a cargo de Françoise Caüet en *La Meca*.

Designed by the architect Josep Lluís Sert, the Fundació not only presents its own extensive collection of work by the multi-faceted Miró, but also mounts regular retrospectives of modern and contemporary art. Espai 13, in one of the building's basements, exhibits unusual current work by artists little known to the general public. Françoise Caüet offers fine cuisine in the *La Meca* restaurant.

Palau de la Virreina Rambla, 99.
Tel. 301 77 75.

Esta histórica residencia es uno de los escaparates de la programación cultural del Ayuntamiento. Es posible visitar muestras y antológicas de arte moderno y contemporáneo. Casas, Nonell, Rusiñol, Gargallo, Piet Mondrian, Man Ray, Meret Oppenheim, la colección Thyssen, etc... son algunos de los artistas y colecciones que han pasado por aquí. El Palau cuenta también con una pequeña y curiosa librería.

This historic viceregal residence is one of the shop windows of the Ajuntament's cultural programme, in which they put on exhibitions and retrospectives of modern and contemporary art. Casas, Nonell, Rusiñol, Gargallo, Piet Mondrian, Man Ray, Meret Oppenheim, the Thyssen collection and many other exhibitions have been mounted here. The Palau also has a small but highly interesting bookshop.

Sala Parés Petritxol, 5.
Tel. 318 70 20.

Con sus 150 años de existencia la Sala Parés ha pasado a ser una institución de la vida barcelonesa y catalana. En 1988 Miquel Espinet y Antoni Ubach realizaron una importante remodelación y ampliación que simboliza de algún modo el pasado y el futuro de un proyecto contemporáneo.

In existence now for some 150 years, the Parés gallery has become an established institution in the life of Barcelona and Catalonia. In 1988 Miquel Espinet and Antoni Ubach carried out a major refurbishment and extension scheme which in a sense symbolizes the past and future of a contemporary project.

La Sala Vinçon Pg. de Gràcia, 96.
Tel. 215 60 50.

Posiblemente sea el espacio con la programación más imprevisible y menos etiquetable de Barcelona. Situada en el que fuera el estudio de Ramón Casas a comienzos del siglo, la sala —no comercial— comparte ubicación, filosofía y director con Vinçon (ver la sección *Diseño, mobiliario e iluminación*). Los 100 m^2 dan cabida a muebles, maquetas, prototipos, pintura, fotografía, grafismo, montajes in situ, etc. y es uno de los pocos espacios con un interés declarado por el diseño. Por él han pasado desde 1973, entre muchos otros, Alessandro Mendini, Mariscal, Ingo Maurer, Ouka Lele, Oscar Tusquets, Philippe Starck, Ron Arad, el Water Studio,...

Possibly the space with the most unpredictable, most difficult to label programme of exhibitions in Barcelona. Located in what was Ramón Casas' studio at the turn of the century, the gallery —not a commercial gallery— shares premises, philosophy and director with the Vinçon shop (see the section «Design, furniture and lighting»). Its 100 m.^{2} take in furniture, models, prototype designs, painting, photography, graphics, *in situ* constructions and the like, and is one of the view such spaces with a declared interest in design. Since 1973 they have shown work by, amongst others, Alessandro Mendini, Mariscal, Ingo Maurer, Ouka Lele, Oscar Tusquets, Philippe Starck, Ron Arad, the Water Studio...

LA PROFESIÓN. INFORMACIÓN ÚTIL
THE PROFESSION. USEFUL INFORMATION

ESCUELAS
SCHOOLS

Eina Av. de Vallvidrera, 44 bis.
Tel. 203 09 23.

Situada en una antigua torre con jardín, esta escuela privada fundada en 1967 es la preferida de la élite. Eina ofrece dos opciones: por un lado, el estudio de una especialidad (diseño gráfico, interiorismo o arte) y por el otro, unos estudios interdisciplinarios, con posibilidad de componerse uno mismo el «menú» de asignaturas. Actividades extraordinarias como conferencias y cursos de diseño de mobiliario, fotografía, animación y diseño por ordenador, etc. a cargo de figuras como Miguel Milá, Eduard Samsó, Gae Aulenti, Norman Foster y Pep Bonet, entre muchos otros.

Located in a large detached *Modernista* house with its own garden, this private school, founded in 1967, is the first choice of the élite. EINA offers two options: either the study of one specialized subject (graphic design, interior design or art), or an interdisciplinary course where the individual student can put together his or her own «menu» of subjects. Additional activities such as lectures and courses in furniture design, photography, animation techniques and computer-aided design, etc., are run by figures of the standing of Miguel Milá, Eduard Samsó, Gae Aulenti, Norman Foster and Pep Bonet, amongst others.

Elisava Vía Augusta, 205 y Vallmajor, 11.
Tel. 200 11 33.

La primera escuela privada dedicada exclusivamente al Diseño —fundada en 1961— ha formado a numerosos creadores de prestigio. Cubre las especialidades de diseño gráfico, industrial e interiorismo y desarrolla diversas actividades como seminarios y conferencias, intercambios con instituciones europeas, etc. Publica la revista «Temes de Disseny» de la mano de Jordi Pericot, director del centro. El Centre de Documentació de Disseny, situado en Vía Augusta, 228, está abierto al público para consultas relacionadas con el diseño. El interiorismo de la escuela de la calle Vallmajor es de Alfred Arribas (1986).

This, the first private school to be devoted exclusively to design, founded in 1961, has trained a good number of figures of prestige in the profession. The school offers courses in graphic design, industrial and interior design as well as running a range of complementary activities such as seminars and lectures, exchanges with other schools around Europe, and so on. They also publish the magazine «Temes de Disseny», edited by the school's Director, Jordi Pericot, and their Centre de Documentació de Disseny, at Via Augusta 228, is open to the general public for consultation on design-related matters. The interior design of the school in Vallmajor is by Alfredo Arribas (1986).

Llotja Ciutat de Balaguer, 17-19.
Tel. 418 50 39.

Escuela pública de Artes y Oficios fundada en 1775 y subvencionada por la Generalitat de Catalunya. Ha implantado recientemente la enseñanza del diseño (gráfico, industrial, interiorismo y estampados). Otorga el título oficial

de graduado en Artes Aplicadas y Oficios Artísticos. Matrícula gratuita y ayudas económicas.
This public Arts and Crafts school, founded in 1775, is subsidized by the Generalitat de Catalunya. They have recently introduced a range of new design courses (in graphic, industrial, interior and fabric design). The school awards the officially-recognized qualification of Graduate in Applied Arts and Artistic Crafts. Enrolment is free and there are grants available.

Massana Hospital, 56.
Tel. 242 20 00.

Creada por el Ayuntamiento en 1929, esta escuela pública situada en el casco antiguo imparte cursos en el campo del arte —joyería, cerámica, pintura,...— y del diseño, que incluye estampados, interiorismo, industrial (desde 1965) y gráfico (desde 1959). Otorga el título de graduado en Artes Aplicadas y Oficios Artísticos.
Established by Barcelona city council in 1929, this public school situated in the historic centre of the city offers courses in the fields of art —jewellery, ceramics, painting, etc.— and design, including fabric, interior, industrial (since 1965) and graphic design (since 1959). The school awards the qualification of Graduate in Applied Arts and Artistic Crafts.

Los estudios realizados en estas cuatro escuelas están reconocidos por el *Bureau of European Designers Associations*.
The courses taught in these four schools are recognized by the *Bureau of European Designers Associations.*

FOTÓGRAFOS
PHOTOGRAPHERS

Eugeni Bofill Casanova, 15, 1.° 1.ª
Tel. 425 37 74.

Fotógrafo de arquitectura e interiorismo, trabaja asiduamente para instituciones y para la Editorial Gustavo Gili. Ha realizado las fotografías del «Dossier de Candidatura para los JJ.OO. de Barcelona'92» y las del catálogo de la exposición del arquitecto modernista Puig i Cadafalch (Barcelona, 1989); ha colaborado en «Arquitectura Sanitària i de Serveis Socials a Catalunya» junto a otros fotógrafos barceloneses especializados y recientemente ha sido editado en Berlín su trabajo «Barcelona en diagonal».
This photographer of architecture and interior design works regularly for institutions and for Editorial Gustavo Gili. Bofill took the photographs for the «Candidature Dossier for the Barcelona '92 Olympic Games» and for the catalogue of the exhibition of *Modernista* architect Puig i Cadafalch (Barcelona, 1989); he has contributed to «Health and Social Services Architecture in Catalonia», along with other specialist Barcelona photographers, and has recently had his «Barcelona en Diagonal» work exhibited in Berlin.

Lluís Casals Provença, 285, entlo.
Tel. 215 05 79.

Especializado en arquitectura, trabaja para importantes revistas nacionales y extranjeras de arquitectura, diseño e interiorismo. Es autor de las fotografías del libro «Casas mediterráneas. Costa Brava» y autor de «Casas mediterráneas. Baleares» ambos editados por Editorial Gustavo Gili.
Specializing in architecture, Casals works for leading Spanish and foreign publications covering architecture, design and interior design, and took the photographs for the books «Mediterranean houses. Costa Brava» and is the author of «Mediterranean houses. The Balearic Islands», both published by Editorial Gustavo Gili.

Francesc Català-Roca Travessera de Dalt, 44. Tel. 214 14 93.

Veterano conocedor de Barcelona, fotógrafo de la calle y reportero gráfico, es quizás el profesional que más veces ha retratado la ciudad, presentándola en varios de sus aspectos: arquitectónico, social, costumbrista,... Su obra incluye varios libros sobre Barcelona y Catalunya.
With a lifetime's knowledge of Barcelona, this chronicler of life on the streets and photo-journalist has probably portrayed the city more often than any other professional photo-

grapher, presenting it in a variety of aspects: architecture, society, customs... His work includes several books on Barcelona and Catalonia.

Manel Esclusa Pge. Batlló, 18, entlo. Tel. 230 92 90.

Su trabajo se desarrolla en el campo de la fotografía por la fotografía, como obra de arte, sin embargo es capaz de retratar tanto moda como arquitectura e interiorismo. Ha realizado, por ejemplo, las fotografías del catálogo de la firma Casas y las de varias tiendas de Eduard Samsó.

Esclusa's work lies in the field of photography as photography, as an art form, although he also photographs everything from fashion to architecture and interior design. For example, he did the photography for the Casas catalogue and for a number of shops designed by Eduard Samsó.

Ferrán Freixa Provença, 285, entlo. Tel. 215 15 51.

Inagotable e imparable fotógrafo de arquitectura, interiorismo y diseño, sus trabajos se pueden encontrar en las más importantes revistas especializadas como «El Croquis», «Quaderns d'Arquitectura», «Casa Vogue» y «Nuevo Estilo».

An inexhaustible and indefatigable photographer of architecture, design and interior design, Freixa's work is to be found in the leading specialist magazines such as «El Croquis», «Quaderns d'Arquitectura», «Casa Vogue» and «Nuevo Estilo».

Impuls (Galo-Quim Esquis) València, 29. Tel. 424 55 02.

Fotografía de mobiliario para catálogos y publicidad. Entre sus clientes habituales cabe destacar a Pensi, Treserra, Tusquets y empresas como Disform, AG Sillones, Perovell, Colur, Punt Mobles y Grupt. Sus trabajos se han publicado en «Ardi», «On», «Nuevo Estilo» y «Casa 16».

Photographers of furniture for catalogues and advertising, amongst their regular clients are Jorge Pensi, Jaume Treserra, Oscar Tusquets and firms such as Disform, AG Sillones, Perovell, Colur, Punt Mobles and Grupt. Their work has been published in «Ardi», «On», «Nuevo Estilo» and «Casa 16».

Lurdes Jansana Portal de l'Angel, 7, pral 1.ª A. Tel. 317 21 07.

Lo suyo es la fotografía de arquitectura, aunque también colabora puntualmente en revistas de interiorismo como «Nuevo Estilo». Ha participado en el libro «Arquitectura española contemporánea. 1975/1990» (Croquis) y trabaja para los arquitectos Elías Torres y José A. Martínez Lapeña.

Her speciality is architectural photography, although she is also a regular contributor to interior design magazines such as «Nuevo Estilo». Her photographs are featured in the book «Arquitectura española contemporánea. 1975-1990» (Croquis), and she works for the architects Elías Torres and José A. Martínez Lapeña.

Mónica Roselló Pg. Pujades, 4. Tel. 310 09 98.

Aunque también trabaja en el campo de la moda su principal actividad está encaminada hacia la arquitectura y el interiorismo. Raola, Bru, Vendrell, Lievore, Tecno e incluso el Col.legi d'Arquitectes le encargan trabajos, que en algunos casos han sido publicados en revistas especializadas como «Ardi» y «On».

Although she also works in the fashion field, her main area of activity is focussed on architecture and interior design, with commissions from Raola, Bru, Vendrell, Lievori, Tecno and even the Col.legi d'Arquitectes, and her photographs have been published in specialist magazines such as «Ardi» and «On».

Jordi Sarrà Pare Claret, 124, entlo. 3.ª Tel. 235 68 44.

Es autor del dossier industrial de Pete Sans y fotógrafo habitual de la obra de Eduard Samsó y Alfred Arribas. Trabaja la arquitectura, el interiorismo y el diseño, con colaboraciones en las principales revistas nacionales y extranjeras, como «Blueprint», «Wind», «Forum» y la australiana «Interior Architecture & Design».

Sarrà took the pictures for Pete Sans' industrial design dossier, and regularly

photographs the work of Eduard Samsó and Alfred Arribas. He concentrates on architecture, interior design and design, contributing to major Spanish and international magazines such as «Blueprint», «Wind», «Forum» and the Australian «Interior Architecture & Design».

Tavisa (Jordi Todó) Compañía de Servicios Aéreos, Villa, 5. Tel. 674 78 04.

Especializada en fotografía aérea, esta empresa tiende a trabajar habitualmente para organismos públicos y proyectos de gran envergadura y dimensiones.

Specializing in aerial photography, this company tends to work mostly for public bodies and on large-scale projects.

MAQUETAS Y PROTOTIPOS
MODELS AND PROTOTYPES

Josep Llorens Mallorca, 521.
Tel. 235 48 80.

Mientras haya planos, él siempre realizará todo cuanto le pidas en la más pura artesanía y aplicando cualquier clase de material.

If you've got the drawings, Llorens will make up whatever you ask him for in any material, with supreme craftsmanship.

Malbertí Montecasino, 6.
Tel. 201 65 70.

Lluscà, Benedito, Morillas, Correa y Milá y muchos otros, encargan sus maquetas y prototipos a esta pequeña empresa especializada principalmente en plástico.

Lluscà, Benedito, Morillas, Correa and Milá and many more come to this small specialist firm, which works mainly in plastic, for their models and prototypes.

Maquet Barna San Salvador, 107.
Tel. 213 57 88.

Una gran infraestructura para la realización de todo tipo de maquetas y prototipos. Trabajan para organismos oficiales y profesionales de élite.

With all the infrastructure to construct models and prototypes of every kind, Maquet Barna work for official bodies and leading professional clients.

Juan Pablo Marín San Joaquín, 23 bajos. Tel. 237 57 91.

En general maquetas sofisticadas, y muy elaboradas. Su última creación reproduce el Palau de la Música.

Marin produces sophisticated, highly elaborate models of all kinds, his latest creation being a model of the Palau de la Música.

Tort y Arnau Setantí, 5-7 bajos.
Tel. 204 57 65.

Metacrilato y madera para maquetas de arquitectura en su mayoría. Ayuntamientos y diputaciones son sus principales clientes.

Employing perspex and wood, mainly for architectural models, their principal clients are city councils and local government.

PERIODISTAS Y CRÍTICOS DE DISEÑO
DESIGN CRITICS AND JOURNALISTS

Jordi Casanovas, Diari de Barcelona
Manel Clot, El País
Xavier Conesa, El Periódico de Catalunya
Marius Carol, La Vanguardia
Llatzer Moix, La Vanguardia
Antonio Pelegrín, El Periódico de Catalunya

REVISTAS DE DISEÑO Y ARQUITECTURA
ARCHITECTURE AND DESIGN MAGAZINES

Adgráfica-Diseño y Comunicación
Pg. Bonanova, 14 -torre A- 08022 Barcelona.
Dir. Arcadi Moradell

Ardi Princesa, 56, pral. 2.ª
08003 Barcelona.
Dir. Quim Larrea/Juli Capella

Mas in Progress. Noticiario de actualidad sobre el mundo del diseño Princesa, 56 1.° 1.ª - 08003 Barcelona. Tel. 319 40 62. Fax. 310 47 96.
Dir. Lori Nais

Quaderns d'Arquitectura i Urbanisme Col.legi d'Arquitectes de Catalunya. Pl. Nova, 5 - 08002 Barcelona. Tel. 301 50 00. Fax. 318 60 29.
Dir. J.LL. Mateo

Temes de Disseny Servei de Publicacions ELISAVA Vía Augusta, 205 - 08021 Barcelona. Tel. 200 11 33.
Dir. Jordi Pericot

SERVICIOS PROFESIONALES
PROFESSIONAL SERVICES

Asociaciones
Associations

FAD (Fomento de las Artes Decorativas: Agrupación de Diseñadores Industriales (ADI/FAD) / Agrupación de Diseñadores Interioristas (IN/FAD) / Agrupación de Diseñadores Gráficos (ADG/FAD) Brusi, 45. Tel. 209 11 55/ 209 13 98.

Asociación de Diseñadores Profesionales (ADP) Escorial, 50, 1.° 4.ª Tel. 213 08 81.

Barcelona Centro de Diseño Industrial-Fundación BCD Pg. de Gràcia, 90. Tel. 215 87 50.

Fotocopias
Photocopies

Artyplan Avenir, 42. Tel. 200 87 99/ 200 69 93. Fax. 209 69 93.

Fotocopias de planos, ampliaciones y reducciones, copias en color en el sistema Láser —al instante— y en los sistemas Cibacopy y Cibachrome U. Impresos a todo color en el espacio de 3-5 días a través del sistema Rapidocolor. También composición de textos, diseño y montaje de originales e imprenta offset.

Photocopies of plans, enlargements and reductions, Laser system colour copies while you wait, as well as Cibacopy and Cibachrome U system prints, plus full colour printing within 3-5 days using the Rapidocolor system. They also have graphic services: photocomposition of texts, design and layout of originals and offset printing.

Miracle Rector Ubach, 10.
Tel. 200 85 44.
Pg. Sant Joan, 57. Tel. 232 82 61.
Aragó, 368. Tel. 232 59 16.
Dr. Joaquím Pou, 2. Tel. 317 12 26.

Fotocopias de hasta 4 m × 60 cm, reproducciones de planos, Offset rápido y autopositivado «repromaster» de fotografías en blanco y negro. Copias en papel a partir de diapositivas y fotocopias a color, sobre soportes especiales: papel Canson, cartulinas mates o brillantes, acetato,... Todo en el sistema Cibachrome Copy.

Photocopies up to 4 m × 60 cm, reproductions of plans, fast offset printing and «repromaster» autopositive copying of black and white photographs. Copies on paper from slides and colour photocopies on special supports: Canson paper, matt or glossy card, acetate,... All in the Cibachrome Copy system.

Servicios fotográficos
Photographic services

Còpia Provença, 215, pral.
Tel. 215 75 20.

Laboratorio fotográfico de blanco y negro que se distingue por su hacer artesanal. Altísima calidad de revelado y ampliaciones. Frecuentado por fotógrafos profesionales de diversos campos.

A black and white photography laboratory set apart from the competition by their craftsmanly approach, and the exceptional quality of their developing and enlarging. Frequented by professional photographers from a variety of fields.

Mito Hercegovina, 9. Tel. 211 63 95. Fax. 211 63 43.

El laboratorio más completo de Barcelona, aunque no precisamente el más barato. Todo tipo de revelados, copias directas de diapositiva a papel, fotoacabados y laboratorio de video. Servi-

cio de revelado express en 1 hora. Frecuentado por profesionales de la fotografía, la moda y la arquitectura. Entre otros, Ricardo Bofill, María Espeus, J.M. Ferrater. Interiorismo de Pepe Cortés (1982), bolsas de Mariscal y logotipo de Peret.
The laboratory with the fullest range of services in Barcelona, although not exactly the cheapest. All kinds of developing, contact printing, special photographic finishes and a video lab. Express developing in 1 hour. Their regular clientele is made up of professional photographers and people working in fashion and architecture, including, among others, Ricardo Bofill, Maria Espeus and J. M. Ferrater. Interior design by Pepe Cortés (1982), carrier bags by Mariscal and logotype by Peret.

24 × 30 Santaló, 126. Tel. 202 28 62.
Diagonal, 439 / Muntaner.
Tel. 201 56 50.
Mandri, 24. Tel. 417 52 77.

Para profesionales y aficionados estos laboratorios del color realizan desde copias de cine a video hasta fotos carnet al instante. Copias manuales y automáticas, revelado de diapositivas y copias a papel, trabajos especiales, etc. Abierto de 9 a 20 sin interrupción; sábados de 9.30 a 14.
These colour laboratories cater to professionals and amateurs alike, with services which range from transfering cine film to video to providing a passport photo while you wait, plus automatic and manual copying, slide developing and making paper prints, special commissions, and so on. Open from 9 am until 8 pm without a break; Saturday from 9.30 am to 2 pm.

Zebra Vallmajor, 15. Tel. 209 79 44.
Fax. 209 71 15.

Laboratorio de fotografía en blanco y negro. Ampliaciones automáticas y manuales, reproducción de diapositivas y virajes en color sepia y azul. Realizan trabajos especiales con un recargo del 50 %.
A black and white photography laboratory offering automatic and manual enlargement, printing from slides and toning in sepia and blue, they also take on special commisions for a 50 % surcharge.

Trompe l'oeil

Natalia Gómez Porvenir, 48 -2.° 1.ª

Salida de Eina y después de trabajar en Italia y en Studio Cero de Barcelona monta un estudio desde el que aplica sus conocimientos pictóricos especialmente orientados hacia el óleo.
After graduating from Eina and working in Italy and in Studio Cero in Barcelona, Natalia Gómez set up her own studio, where she puts her knowledge of painting into practice, especially in oils.

Manolo y María Luisa Sitjar Muntaner, 494. Tel. 415 23 91.

Todo lo que se puede hacer que no es real. Imitaciones de mármol, madera, techos falsos y molduras. Al óleo y a veces al agua. Escenografías para representaciones teatrales.
Everything artificial under the sun: imitations in marble, wood, false ceilings and mouldings; paintings in oil and sometimes in watercolour; sets and stage decoration for the theatre.

Varios
Various

Alquiler de motos
Motorcycle rental

Londres, 31. Tel. 239 38 80.

Alquiler de servicios de mesa y camareros
Catering staff hire

Crimons Muntaner, 147.
Tel. 253 22 54.

Alquiler de smoking
Dress hire

Smoking Diagonal, 523.
Tel. 205 49 56.

Comidas a domicilio
Home delivery meals

Barcelona Sopars Tel. 323 67 08.
Compañía B Tel. 414 30 84.
Pekín Express Tel. 414 36 36.

Fiestas y banquetes
Parties and banquets

Merce's Diagonal, 539.
Tel. 239 44 82.
Semon Ganduxer, 31. Tel. 201 65 08.
Vilaplana Francesc Pérez y Cabrero, 19. Tel. 201 18 83.

ESTUDIOS DE DISEÑO Y ARQUITECTURA/CONSEJOS
DESIGN AND ARCHITECTURE STUDIOS/SUGGESTIONS

ESTUDIOS DE DISEÑO Y ARQUITECTURA
DESIGN AND ARCHITECTURE STUDIOS

Roser Amadó y Lluís Domènech Aribau, 152, 2.° 2.ª Tel. 218 23 08.

En junio de 1990 fue inaugurada la Fundació Antoni Tàpies, con sede en la antigua editora Montaner i Simón, edificio de Modernisme temprano de Domènech i Montaner. Lluís Domènech y Roser Amadó han sido los artífices de su reforma y de la idea de «aderezar» el edificio con una escultura de Tàpies. En octubre de 1990 comenzaron las obras de su proyecto para la nueva sede del Arxiu de la Corona d'Aragó, el mayor centro documental español de la época medieval.

June 1990 saw the opening of the Fundació Antoni Tàpies, located in the former Montaner i Simón publishing house, an early *Modernista* building by Domènech i Montaner. Roser Amadó and Lluís Domènech carried out the conversion, as well as coming up with the idea of «garnishing» the building with Tàpies' sculpture. In October 1990, they started the work on their project for the new seat of the Arxiu de la Corona d'Aragó, the largest Spanish documentation centre for the medieval period.

Alfredo Arribas Pge. Maluquer, 15, 2.° 1.ª Tel. 417 21 45.

Arquitecto y diseñador de moda, especialista en el tema de los espacios lúdicos. En el «safari fashion» de Barcelona son de obligada visita el bar Velvet, el restaurante Gambrinus, realizado junto a Javier Mariscal y Pepe Cortés, y el archifamoso Network, proyectado junto a Eduard Samsó. Muy recomendable es la excursión a Calafell, donde se encuentra la macrodiscoteca Louie Vega, diseñada en colaboración con Miguel Morte. Todos sus trabajos son reflejo de las actitudes posmodernas más en boga, con una cierta dosis de tecnología y un cariz velado de romanticismo. De reciente inauguración son las discotecas el templo-bar-logia Torres de Ávila, realizada junto a Mariscal, y la de Fukuoka en Japón. Su último diseño es una silla «J. Graystoke», producida por Carlos Jané.

This fashionable architect and designer specializes in leisure spaces. In the course of a «fashion safari» through Barcelona, the Velvet bar, the Gambrinus restaurant —a joint project with Javier Mariscal and Pepe Cortés— and the ultrafamous Network —designed together with Eduard Samsó— are essential stops on the way. A trip to Calafell is also highly recommended, to the macrodiscotheque Louie Vega, designed in collaboration with Miguel Morte. All of Arribas' work reflects the most in vogue postmodern attitudes, with a measure of hi-tech and a discreet touch of romanticism. Two more discotheques by Arribas have recently opened: the temple-bar-lodge Torres de Ávila, undertaken together with Mariscal, and the one in Fukuoka, in Japan. His latest design is the «Graystoke» chair, manufactured by Carlos Jané.

Bach/Mora Hercegovina, 24, pral 1.ª Tel. 200 70 66.

Gabriel Mora inició en 1967 sus actividades profesionales junto a Helio Piñón y Albert Viaplana y en 1976 se asoció finalmente a Jaume Bach. Ambos son profesores de proyectos de la ETSAB y urbanistas orientados hacia la rehabilitación. Han conseguido varios premios FAD en ese apartado, como, por ejemplo, el de 1982, por la remodelación de la estación de Muntaner de los Ferrocarriles de la Generalitat de Catalunya. Exposiciones en las Bienales de París, New York y Burdeos.

Gabriel Mora began his professional career in 1967, alongside Helio Piñon and Albert Viaplana, before finally going into partnership with Jaume Bach in 1976. They are both Project tutors at the ETSAB as well as being urban designers with a particular interest in refurbishment, and they have won a number of FAD awards in this category, for example, in 1982, for their redesign of Muntaner station for the Ferrocarrils de la Generalitat de Catalunya. Their work has been exhibited in Paris, New York and Bordeaux.

Ramón Benedito Balmes, 360, 3.° 2.ª Tel. 212 59 59.

Diseñador industrial consagrado al campo de la tecnología, la ciencia y la maquinaria industrial. Ha diseñado teléfonos y ordenadores como la gama «Sistema 8.000» para Vieta, altavoces y amplificadores, la biseladora automática «Indomatic Star», aparatos de laboratorio, un banco modular para Escofet, etc. Premio del Ministerio de Industria y Energía e Innovación Tecnológica 1982 por la pantalla acústica B-10.000. Junto a Lluís Morillas y Josep Puig ha formado parte del grupo Transatlàntic, dedicado a la experimentación, con la serie de «muebles sensuales» y «mobili eterni»; Delta de Plata 1986 por el taburete «Frenesí».

An industrial designer dedicated to the fields of technology, science and industrial machinery. He has designed telephones and computers, such as the «Sistema 8000» series for Vieta, loudspeakers and amplifiers, the automatic beveller «Indomatic Star», laboratory equipment, a modular bench for Escofet, and so on. Awarded the Ministerio de Industria y Energía e Innovación Tecnológica prize in 1982 for his B-10.000 acoustic screen. Along with Lluís Morillas and Josep Puig, Benedito has been part of the Transatlàntic group, devoted to experimentation, which has produced series of «sensual furniture» and «*mobili eterni*»; he won the 1986 Delta de Plata for the «Frenesí» stool.

Gemma Bernal y Ramón Isern Anglí, 6, Bajos. Tel. 245 30 65.

Forman tándem desde 1968. En el 69 ganaron, junto a Beth Galí, el Delta de Oro por el diseño de una ducha-teléfono para Raydor. Con más de un centenar de productos, trabajan para firmas tan importantes como el Grupo T, B.D. y Disform. Han recibido premios en el Concurso Nacional de Diseño del Mueble de Valencia en tres convocatorias. Entre su producción, las lámparas «Arquímedes» y «Anagrama», la estantería «Biblos», las mesas «Cristalina» y «Eclipse», el carrito de televisión «Tivi» y un largo etcétera. Exposición «Design in Catalonia» de Milán, 1988.

They have been working in tandem since 1968. In 1969 they won, along with Beth Galí, the Delta de Oro for the design of a telephone-shower for Raydor. With more than a hundred designs to their credit, they work for leading firms such as Grupo T, B.D. and Disform. They have three times won awards at the Concurso Nacional de Diseño del Mueble (National Furniture Design Competition) in Valencia. Their designs include the «Arquímedes» and the «Anagrama» lamps, the «Biblos» shelving, the «Cristalina» and «Eclipse» tables, the «Tivi» television trolley, and many more. They showed work in the 1988 «Design in Catalonia» exhibition in Milan.

Ramón Bigas y Pep Sant Pg. Reina Elisenda, 17. Tel. 204 92 25.

Dirigen desde hace cuatro años «Associate Designers», estudio en una casa señorial de la zona alta. Con cuarenta profesionales trabajando en él, «AD» está considerado como uno de los estudios con mayor envergadura de España. Desarrollan proyectos de iluminación y mobiliario; entre sus

clientes se encuentran la Red Nacional de Ferrocarriles Españoles, Telefónica, Construcciones Aeronáuticas y el Instituto Nacional de Industria. Su último invento es el sistema de iluminación «Cornice», un perfil de aluminio adaptable a cualquier trazado de pared.

For the last four years Bigas and Sant have run Associate Designers, an industrial design studio located in a grand old house in the upper part of the city. With a staff of forty professionals, «AD» is considered to be one of the studios with greatest scope in Spain. They undertake projects for lighting and furniture, and their clients include RENFE (the Spanish railway company), Telefónica, Construcciones Aeronáuticas and the Instituto Nacional de Industria. Their latest design is the «Cornice» lighting system, an aluminium outline adaptable to any section.

Pep Bonet Casp, 151, pral. 2.ª Tel. 245 64 02.

En 1964 Pep Bonet creó junto a Cristian Cirici, Lluís Clotet y Oscar Tusquets el Studio Per, estudio de diseño del que han salido multitud de piezas ya clásicas. Es socio fundador de BD Ediciones de Diseño y ha obtenido varios premios Delta así como tres FAD de Interiorismo por proyectos llevados a cabo junto a Cristian Cirici. En 1981 impartió clases en la Washington School of Architecture de St. Louis, Missouri. Entre sus diseños, la farola urbana realizada en colaboración con Miguel Milá para Polinax, el sillón «Tuman», la mesa «Sevilla», creada junto a C. Cirici, y la «Catenaria».

In 1964, Pep Bonet founded, together with Cristian Cirici, Lluís Clotet and Oscar Tusquets, Studio PER, a design studio whose output includes a number of pieces which have become classics. Bonet is a founder-member of BD Ediciones de Diseño, and has won several Delta awards, as well as three FAD Interior Design prizes for projects carried out in collaboration with Cristian Cirici. In 1981 he tutored at the Washington School of Architecture in St. Louis, Missouri. Amongst his designs are the street lamp for Polinax, created together with Miguel Milá, the «Tuman» chair, the «Sevilla» table, designed together with Cirici, and the «Catenaria» overhead cable system.

Ricardo Bofill Av. Industria, 14, bajos. Sant Just Desvern. Tel. 371 59 50.

El Taller de Arquitectura de Ricardo Bofill se alberga en una antigua fábrica de cemento, rehabilitada con su característico estilo neoclásico. Desde aquí, así como desde sus despachos de París y Nueva York, el mundialmente conocido arquitecto realiza proyectos de ciclópea envergadura para los cinco continentes. Ha conseguido numerosos premios y distinciones y en 1985 fue nombrado miembro honorario del American Institute of Architects. El Taller está trabajando últimamente en los proyectos del Aeropuerto de Barcelona, el Teatro Nacional de Cataluña y el Pabellón del INEF.

Ricardo Bofill's Taller de Arquitectura is housed in an old cement factory, refurbished in his characteristic neoclassical style. From here, as from his offices in Paris and New York, this world-renowned architect takes on projects of tremendous breadth and scale in all five continents. Bofill has won numerous awards and distinctions, and in 1985 became an honorary member of the American Institute of Architects. Among the Taller's most recent projects are the extension to Barcelona airport, the Teatre Nacional de Catalunya, and the INEF pavilion.

Juli Capella y Quim Larrea Princesa, 56, principal 2.ª Tel. 319 51 27.

Unos apasionados del diseño en todos sus aspectos. Con incursiones en el diseño gráfico, el interiorismo y la arquitectura, son principalmente comunicadores; son autores de varios libros y directores de «Ardi», una de las revistas más jóvenes y afortunadas del ramo, desde cuyas páginas acogen y apoyan a los que se inician en la profesión de moda. Si asistes a la inauguración de un local o a la presentación de un mueble o libro sobre diseño, es muy probable que coincidas con, al menos, uno de los dos.

With a passion for all aspects of design, including forays into graphic design, interiors and architecture, Capella and Larrea are above all communicators; they have written

several books, and are on the editorial team of «Ardi», one of the youngest and best received magazines in the field, whose pages welcome and support new talent in the profession. If you go along to the opening of a new nightspot, or the presentation of a piece of furniture or a book on design, you're quite likely to see at least one of them.

Norman Cinnamond Reina Victòria, 22. Tel. 201 44 22.

Siguiendo la línea de Coderch y Pratmarsó, las obras de Norman Cinnamond tienen siempre un marcado acento de refinamiento y buen gusto, alcanzando su máximo grado de expresión cuando se trata de viviendas unifamiliares, como la que proyectó en 1988 en Begur frente al mar. Ha sido seleccionado en diversas ocasiones para los premios FAD: en 1983 por el Parc Torreblanca, realizado junto a Carlos Ferrater, y en 1988 por la casa de Begur y por los apartamentos Descartes.
Following on in the line of Coderch and Pratmarsó, Norman Cinnamond's work is characterized at all times by a marked accent of refinement and good taste, achieving its fullest expression in the private houses such as the one in Begur, looking out to sea, designed in 1988. Cinnamond has been nominated for FAD awards on a number of occasions: in 1983 for the Parc Torreblanca project, done in collaboration with Carlos Ferrater, and in 1988, for the Begur house and the Descartes apartments.

Cristian Cirici Casp, 151, pral. 2.ª Tel. 245 05 10.

Arquitecto miembro cofundador del Studio Per. Forma a menudo tándem con Pep Bonet, junto a quien ha obtenido varios premios FAD de Interiorismo así como el Delta de diseño industrial en diversas ocasiones, entre otros el de Oro en 1976 por la mesa «Sevilla». Una de sus últimas obras es la casa Carulla de Barcelona, edificio de 1923 rehabilitado en 1989 para Xavier Carulla y Lluïsa Segarra, directores de BD Ediciones de Diseño. El Studio Per recibió en 1979 el FAD de Restauración y en 1980 el Premio Nacional de Restauración por la rehabilitación de la casa Thomas como sede de BD, obra dirigida por Cristian Cirici.
Architect and founder-member of Studio Per, Cirici frequently works in tandem with Pep Bonet, with whom he has won several FAD interior design awards, as well as Delta prizes for industrial design, notably the Delta de Oro in 1976 for the «Sevilla» table. One of his most recent schemes is the Carulla house in Barcelona, a 1923 building which he renovated in 1989 for Xavier Carulla and Lluïsa Segarra, directors of BD Ediciones de Diseño. Studio PER was awarded the FAD restoration prize in 1979, and the Premio Nacional de Restauración in 1980 for the refurbishing of the Casa Thomas for BD, a project run by Cristian Cirici.

Lluís Clotet Casp, 151, pral. 2.° Tel. 230 76 48.

Inició su trayectoria en el despacho de Federico Correa y Alfonso Milá al lado de Oscar Tusquets, junto a quien ha desarrollado a través del Studio Per y a lo largo de casi veinte años la mayoría de sus proyectos y diseños. El carrito de TV «Versátil», la campana extractora (Delta de Oro 1979), la estantería «Hialina» y la «Hypóstila» (Delta de Oro 1980) forman ya parte de la historia del diseño industrial catalán y son una muestra de la fructífera labor conjunta de ambos creadores. Premios FAD de Interiorismo en 1965 y en 1970, y de Arquitectura en 1977, en 1978, por el restaurante La Balsa, en 1988 y en 1989, por el Banco de España en Gerona, proyectado junto a Ignacio Paricio.

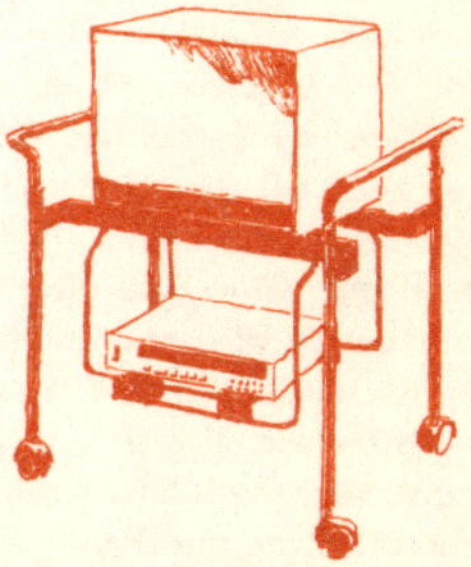

«Versátil» de Ll. Clotet/O. Tusquets

Clotet began his career in Federico Correa and Alfonso Milá's office, working alongside Oscar Tustquets, with whom he has gone on to elaborate the majority of his projects and designs, under the aegis of Studio Per, over almost twenty years. The «Versátil» TV trolley, the extractor fan (Delta de Oro 1979), the «Hialina» and «Hypóstila» shelving (Delta de Oro 1980) have a place in the history of Catalan industrial design, and are exemples of the fruitful collaboration between the two designers. FAD prizes for interior design in 1965 and 1970; for architecture in 1977, in 1978 for the restaurant «La Balsa», in 1988, and in 1989 for the Banco de España in Girona, projected in collaboration with Ignacio Paricio.

Federico Correa y Alfonso Milá
Pl. Sant Jaume, 2, pral. Tel. 327 80 62.

En sus inicios trabajaron al lado de Coderch y Valls, junto a quienes diseñaron la famosa chimenea «Capilla», Delta de Oro 1964. En su despacho de la plaza que reúne Ayuntamiento y Generalitat de Catalunya, ambos desarrollan sus proyectos, entre los que destacan las obras de interiorismo, todas ellas con el sello inconfundible Correa/Milá: las tiendas Conti y Furest, los restaurantes Reno, Flash Flash, Giardinetto Notte, el Golf del Prat, la discoteca Up & Down,... Tienen tres FAD de Interiorismo y el de Arquitectura 1970 por el edificio Atalaya. Correa fue presidente del ADI/FAD entre 1976 y 1979. Ganadores del Concurso Internacional del Anillo Olímpico, trabajan actualmente en la remodelación del Estadio.

At the start of their careers they worked for Coderch and Valls, with whom they designed the famous «Capilla» fireplace, a Delta de Oro winner in 1964. From their office in the square graced by Barcelona City Hall and the seat of the Generalitat of Catalonia, they elaborate their projects, amongst which the interior design schemes are of particular note, all bearing the unmistakable Correa/Milá stamp: shops for Conti and Furest, restaurants such as Reno, Flash Flash, Giardinetto Notte, the Prat golf club, the Up & Down discotheque... They have so far won three FAD interior design awards and the 1970 FAD for architecture for the Atalaya building. Correa was president of ADI/FAD from 1976 to 1979. Winners of the international competition for the Olympic Ring, they are currently working on the remodelling of the Olympic Stadium, 1989 FAD refurbishment award.

Pepe Cortés Roca i Batlle, 3.
Tel. 418 32 88.

Arquitecto, diseñador, interiorista y grafista de rótulos urbanos y señalización. Colabora habitualmente con Javier Mariscal en proyectos de decoración y diseños industriales. Ideó junto a Oscar Tusquets el pabellón de Muebles Casas en Milán y el restaurante Azulete (FAD de Interiorismo 1983), en el que intervino también Ignacio Paricio. Autor de numerosos muebles y lámparas para Akaba, BD Ediciones de Diseño, Grupo T, Santa & Cole. Su última obra es el restaurante Tragaluz, realizado junto a Sandra Tarruella.

Architect, designer, interior and graphic designer of urban signals and signs, Cortés habitually works together with Javier Mariscal on decoration and industrial design projects. With Oscar Tusquets he came up with the scheme for the pavilion for Muebles Casas in Milan, and the Azulete restaurant (FAD interior design award 1983), to which Ignacio Paricio also contributed. Cortés is the designer of numerous lamps and other pieces of furniture for Akaba, BD Ediciones de Diseño, Grupo T, Santa & Cole; his most recent scheme is for the Tragaluz restaurant, on which he worked with Sandra Tarruella.

Sergi y Oscar Devesa Av. República Argentina, 59-61, 3.° 3.ª Tel. 418 42 54.

Los jóvenes hermanos Devesa se dedican «en serio» al diseño desde hace tan sólo tres años y su mesa «Chincheta», creada por Sergi para Disform, ya está expuesta en el Design Museum de Londres. Las lámparas «Maja», «Zen» y el programa «Trans-it» de iluminación, todo producido por Metalarte, se encuentran entre sus diseños más conocidos.

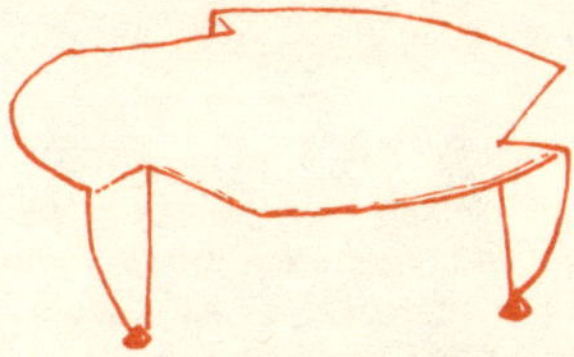

The young Devesa brothers only started to devote themselves «seriously» to design three years ago, and their «Chincheta» table, created for Disform by Sergi, is already on show in the Design Museum in London. The «Maja» and «Zen» lamps, and the «Trans-it» lighting system, all manufactured by Metalarte, are among their best-known designs.

Miquel Espinet y Antoni Ubach Camp, 61. Tel. 211 14 00.

Tándem de arquitectos que trabaja en la línea de Oriol Bohigas. Autores del restaurante Neichel en 1981, de la remodelación y ampliación de la Sala Parés, fundada en 1840, y de la reforma de la Escuela Técnica Superior de Arquitectura de Barcelona (ETSAB) en 1988.
This architectural duo work in a similar field to Oriol Bohigas; their schemes include the Neichel restaurant, in 1981, the remodelling and extension of the Sala Parés, founded in 1840, and the refurbishing of the Escola Tècnica Superior d'Arquitectura (ETSAB), in 1988.

Carlos Ferrater Bertrán, 67, bajos. Tel. 212 04 66.

Idea sus obras arquitectónicas desde los bajos con jardín de un edificio proyectado por él y seleccionado para el FAD en 1982. Diseñó «La Ciudad Instantánea», de estructuras neumáticas, en el congreso del ICSID de Ibiza en 1971. Desde 1973 ha realizado numerosos proyectos merecedores de premios. Fue presidente del ADI/FAD en 1985 y es profesor de Proyectos en la ETSAB. En la actualidad trabaja en el nuevo hotel Torre Melina, con sede en la Diagonal, y en el Jardín Botánico, junto a Josep Lluís Canosa y Beth Figueres.
Ferrater works out his architectural schemes from this ground floor with garden of a buliding he himself designed, and which was selected for the 1982 FAD. He designed the «Instant City» of inflatable structures for the ICSID conference in Ibiza in 1971. Since 1973 he has carried out a number of award-winning projects. He was president of ADI FAD in 1985, and is Projects tutor at the ETSAB. Ferrater is currently working on the new Torre Melina hotel on the Diagonal, and on the Botanical Gardens, with Josep Lluís Canosa and Beth Figueres.

Dani Freixes y Vicente Miranda Carme, 44, 3.° 2.ª Tel. 301 42 97.

Arquitectos de línea moderna e imaginativa, autores en 1986 del Parc del Clot. De su despacho han salido muchos de los interiores *fashion* de la ciudad, tales como el restaurante Sukursaal (Premio FAD de Interiorismo de 1978), el desaparecido Bar 33 y la coctelería Zsa Zsa, de visita obligada, premiada en 1989 con el FAD de Interiorismo.
The two architects, whose line is modern and imaginative, designed the Parc del Clot in 1986, and many of the city's «fashionable» interiors came out of their office, such as the Sukursaal restaurant (FAD interior design award 1978), the now disappeared Bar 33, and the Zsa Zsa cocktail bar, winner of the 1989 FAD interior design prize and a must for every visitor.

Beth Galí/Marius Quintana Collcerola, 50, 1.° 1.ª Tel. 418 91 61.

Arquitecto urbanista, autores del Parque del Escorxador y de varias intervenciones urbanas como el Fossar de la Pedrera, en Montjuïc.
Architect and urban designer, Beth Galí is the creator of the Parc del Ex-

corxador, and of a number of other urban design schemes, such as the Fossar de la Pedrera on Montjuïc.

Jordi Galí Balmes, 468, bajos. Tel. 211 54 42.

Interiorista de Tecmo; un clásico de la decoración, con multitud de proyectos de espacios comerciales en su haber. Emporio Armani, Gonzalo Comella, E4G, el bar Boliche y el restaurante La Masía, en el Tibidabo, son muestra de su línea de trabajo.

The interior designer of Tecmo, a classic in the field of decoration, with a multitude of projects for commercial premises to his credit. Emporio Armani, Gonzalo Comella, E4G, the Boliche bar and the restaurant La Masía might serve to illustrate his line of work.

Jordi Garcés y Enric Sòria Boquería, 10, 1.° 2.ª Tel. 317 31 88.

Asociados desde 1970, han obtenido desde entonces diversos premios, como el de Restauración «Amics de la Ciutat» en 1981 y los FAD de Arquitectura y Rehabilitación de 1987. Son autores de las ampliaciones y reformas del Museu Picasso y del Museu de la Ciència, así como de un futuro hotel ubicado en la Plaça Espanya.

Since 1970, Garcés and Sòria have won a number of awards, such as the «Amics de la Ciutat» prize for restoration in 1981 and the FAD prizes for architecture and refurbishment in 1987. They designed the extension and alterations to the Museu Picasso and the Museu de la Ciència, as well as the new hotel to be built in the Plaça Espanya.

Alberto Liévore Pl. Ramon Berenguer el Gran, 1. Tel. 310 32 79.

Antes de crear en 1985 su propia empresa de diseño, imagen y comunicación —Liévore & Asociados—, el arquitecto bonaerense formó parte del Grupo Berenguer junto a Jorge Pensi, Norberto Chaves y Oriol Pibernat. Actualmente se cuenta entre los diseñadores industriales más en boga, aunque su estilo —sobrio, esencialista antes que minimalista—, no hace concesiones a la moda. Suyas son la serie de sillones «Manolete» y una amplia gama de programas de dormitorios para la firma Arruti.

Before setting up his own design, image and communications company in 1985, Liévore & Asociados, this Buenos Aires architect formed part of the Grupo Berenguer alongside Jorge Pensi, Norberto Chaves and Oriol Pibernat. Liévore is currently one of the city's most fashionable industrial designers, even though his style --sober, essentialist rather than minimalist-- makes no concessions to fashion. His work includes the «Manolete» series of stools, and an extensive range of designs for bedrooms for Arruti.

Josep Lluscà Marmellà, 4-6, bajos. Tel. 212 02 13.

Formado en EINA, BCD, en la Escuela d'Arts et Metiers de Montreal, en EEUU y en Francia, Josep Lluscà pertenece a la primera generación de diseñadores catalanes que ha recibido una formación académica. Aborda una amplia gama de áreas de intervención: estampados, mobiliario urbano,... Delta de Oro ADI/FAD 1974, Premio Nacional de Diseño del envase y el emba-

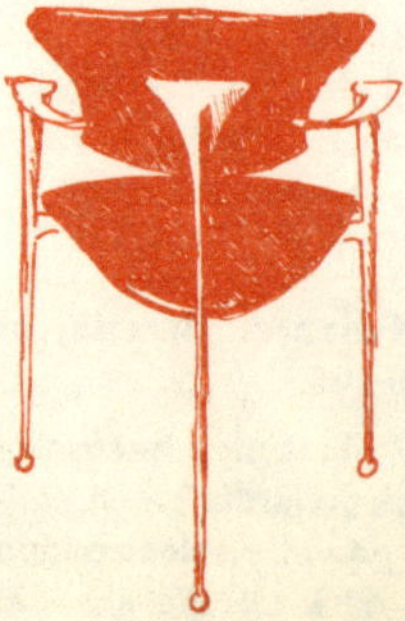

laje en 1975, Premios Laus en 1978 y 1979 por el diseño de imagen corporativa y de ropa, Delta de Plata en 1986 por la lámpara «Anade» y en 1988 por la olla a presión de Fagor; Premio Nacional de Diseño 1990 y Premio Silver Award International Interior Design. La olla «Siper Express», el sillón «Lola» y la silla «Andrea» delatan las influencias de Gaudí y de Charles Eames; entre el clasicismo y el minimalismo, Lluscà pone en cuestión las doctrinas de la Bauhaus.

Educated in the EINA, BCD, the École d'Arts et Metiers in Montreal, in the USA and in France, Josep Lluscà belongs to the first generation of Catalan designers to receive an academic training. His work covers a wide range of media: textile design, tableware, furniture, domestic appliances, street furniture... He has won the 1974 ADI FAD Delta de Oro, the Premio Nacional de Diseño for packaging design in 1975, Laus in 1978 and 1979 for design for corporate image and clothing, a Delta de Plata in 1986 for his «Anade» lamp, and again in 1988 for his pressure cooker for Fagor, a Premio Nacional de Diseño in 1990 and the International Silver Award for Interior Design. The «Siper Express» pot, the «Lola» stool and the «Andrea» chair reveal the influence of Gaudí and of Charles Eames; between classicism and minimalism, Lluscà calls the doctrines of the Bauhaus into question.

Javier Mariscal Pellaires, 30-38.
Tel. 303 34 20.

Javier Mariscal, valenciano residente en Barcelona, es el más conocido, polivalente y divertido de los diseñadores industriales, gráficos y artísticos del país. Su mascota Cobi, para los Juegos Olímpicos de Barcelona, le ha hecho mundialmente famoso. Su estudio, una inmensa nave industrial rehabilitada, ha sido dispuesta para que pueda trabajarse tanto en el diseño industrial como en la experimentación de animática, exposición de su obra gráfica y taller donde Mariscal realiza el bricolage de objetos imposibles. Una hilera de naranjos dan al entorno del estudio un aire valenciano inequívoco. Los «Garriris», alfombras y estampados para Marieta, mobiliario y sillas como la «Tío Pepe» o «Torero», lámparas, esculturas en mayólica y el grafismo forman una parte minúscula de su amplia y abundante producción. Como mueblista e interiorista trabaja junto a Pepe Cortés, Fernando Amat y Alfredo Arribas, con quien ha proyectado el templo-bar-logia Torres de Ávila en el Pueblo Español, inaugurada en junio de 1990.

Javier Mariscal, a Valencian who lives in Barcelona, is Spain's best-known, most multi-faceted and entertaining industrial, graphic and art designer, while his Cobi mascot for the Barcelona Olympic Games has made him world-famous. His studio, an immense refurbished industrial warehouse, has been laid out to enable him to work in industrial design as well as in experimenting with animation, to exhibit his graphic work, and to give him a workshop in which to fabricate his impossible objects. A row of orange trees give the studio's setting an unmistakably Valencian air. The «Garriris» carpets and textiles for Marieta, furniture and chairs such as «Tío Pepe» and «Torero», lamps, sculpture in majolica and graphic work are only a small part of his extensive and abundant output. As a furniture and interior designer he works together with Pepe Cortés, Fernando Amat and Alfredo Arribas, with whom he designed the temple-bar-lodge Torres de Ávila in the Poble Espanyol, opened in June 1990.

Nani Marquina Bonavista, 3.
Tel. 237 64 63.

Lo del diseño ya le viene de familia: su padre, Rafael Marquina, es el autor de las célebres y todavía no superadas vinagreras antigoteo, conocidas bajo el nombre de «Marquina» y premiadas con el Delta de Oro en 1961. Ella es propietaria de la productora de alfombras Nani Marquina, que comercializa

sus propios diseños y los de Javier Mariscal, Pati Núñez y Peret, entre otros.
Design runs in her family: her father, Rafael Marquina, is the creator of the well-known and still unsurpassed non-drip vinegar bottle known by the name «Marquina», which won the Delta de Oro in 1961. She runs her own carpet company, under the name Nani Marquina, producing and selling her own designs as well as those of Javier Mariscal, Pati Núñez and Peret, among others.

Martorell/Bohigas/Mackay Camp, 61. Tel. 211 14 00.

El trío MBM llamó poderosamente la atención en el panorama internacional a comienzos de los 70; múltiples edificios de viviendas distribuidos por Barcelona y mobiliario urbano y de uso doméstico han salido de su despacho. Oriol Bohigas es la figura destacada del equipo; ha participado desde muy joven en los movimientos de arquitectura barceloneses, formando parte en los años 50 del Grupo R, integrado por Coderch, Sostres y Antoni de Moragas, entre otros. Su faceta política como Delegado de Servicios del Departamento de Proyectos Urbanos del Ayuntamiento, ha sido clave en la reparación de la imagen de Barcelona y polémica principalmente por haber impulsado las llamadas plazas «duras». Oriol Bohigas impartió cursos en 1974 en las Universidades de México y Argentina y en los años 80 fue director de la Escuela Técnica Superior de Arquitectura de Barcelona (ETSAB).
The MBM trio started to command considerable attention on the international scene in the early 70s; a number of apartment buildings scattered across Barcelona, as well as furniture for the home and the street, have emerged from their office. Oriol Bohigas is the outstanding figure of the team; since his youth he has been involved in all the movements in architecture in Barcelona, being a member of Grupo R in the 50s alongside Coderch, Sostres and Antoni de Moragas, among others. His political activity as Services Delegate in the Urban Projects department of the City Council, has been crucial to the mending of Barcelona's image, and polemical in promoting the so-called «hard» squares. In 1974 Oriol Bohigas taught at universities in Mexico and Argentina, and in the 80s was head of the Escola Tècnica Superior d'Arquitectura de Barcelona (ETSAB).

J.M.ª Massana y J.M.ª Tremoleda Enric Granados, 114. Tel. 218 72 93.

Pertenecen a la primera promoción del departamento de Disseny Industrial de la Escola Massana. Diseñadores y empresarios desde finales de los 60, montaron junto a F. Miravitlles y J. Domènech la tienda 114 de mobiliario e interiorismo. Convertida en 1981 en la firma Mobles 114, comercializa tanto sus diseños domésticos como los de otros creadores. Sus objetos mínimos son voluntariamente anónimos y denotan ciertas reminiscencias orientales.
Members of the first class to graduate from the Department of Industrial Design at the Escola Massana, they have been involved in the design business since the late 60s, when they set up the «114» furniture shop and interior design practice together with F. Miravitlles and J. Domènech. Having become the «Mobles 114» firm in 1981, they now promote designs by other artists as well as their own work for home interiors. Their minimal objects are intentionally anonymous, evoking certain oriental references.

Miguel Milá Somatens, 40 (Esplugues del Llobregat) Tel. 371 80 13.

Miguel Milá es, junto a André Ricard, figura clave en la evolución del diseño industrial catalán, en calidad de pionero. Autodidacta, influenciado por el Grupo R, el diseño escandinavo y el italiano, montó su propio estudio en 1958, tras una etapa en la que trabajó al lado de Federico Correa y Alfonso Milá. Ha sido presidente del ADI/FAD los años 74, 75 y 84 y Premio Nacio-

nal de Diseño en 1987. Cuenta con numeroso premios Delta de Oro y Plata, por su diseño de sistemas de iluminación, chimeneas, motocicletas, etc. La maravillosa lámpara «TMC», Delta de Oro 1961 y expuesta en el MOMA, es un clásico moderno y responde a su faceta intuitiva y racional de artesano y *bricoleur* pasado al diseño industrial. En la última época ha creado las nuevas unidades del metro de Barcelona y ha remodelado la fábrica de perfumes Puig.

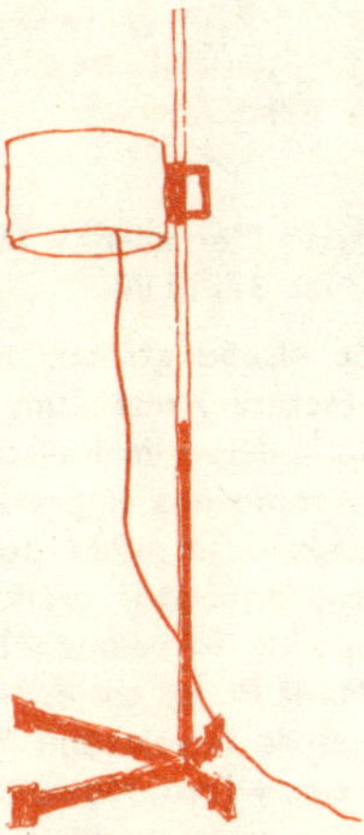

Miguel Milá, along with André Ricard, is a key figure in the evolution of Catalan industrial design, with the status of a pioneer. Self-taught, influenced by Grupo R, Scandinavian and Italian design, he set up his own studio in 1958, after a period spent working alongside Federico Correa and Alfonso Milá. He was president of ADI FAD in 1974, '75 and '84, and winner of the Premio Nacional de Diseño in 1987. He has also won a number of Delta de Oro and Delta de Plata awards for his designs for lighting systems, fireplaces, motorcycles, and so on. His marvellous «TMC» lamp, winner of the Delta de Oro in 1961 and on Show in the MOMA, is a modern classic and corresponds to his intuitive yet rational character as craftsman carried over into industrial design. Most recently he has designed the new stock for the Barcelona underground and remodelled the Puig perfume factory.

Antoni de Moragas Balmes, 186, 4.° 2.ª Tel. 218 77 44.

Arquitecto e interiorista, autor de la reforma del Café de la Ópera, en las Ramblas, y del restaurante-brasserie Flo. En 1987 obtuvo el premio FAD por el interiorismo de la casa Gay, realizado al lado de Irene Sánchez.
Architect and interior designer, he has been responsible for refurbishing the Café de la´Opera on the Ramblas, and the brasserie-restaurant Flo. He was awarded the FAD interior design prize in 1987 for the interiors of the Gay house, on which he worked alongside Irene Sánchez.

Alicia Núñez y Guillem Bonet Sant Agustí, 5, 4.° 1.ª Tel. 415 25 77.

Juntos han ideado locales nocturnos de gran incidencia, como el genuino bar Zig Zag, FAD de Interiorismo 1980, y la discoteca Otto Zutz, templo de la modernidad. Han colaborado con la productora-estudio de diseño Santa & Cole y actualmente trabajan por separado; Alicia Núñez ha diseñado en solitario los restaurantes Hans Bar y el Café de Colombia, 1989.
Together they have created nightspots of considerable influence, such as the genuine Zig Zag bar, which won the FAD for interior design in 1980, and the Otto Zutz discotheque, that temple of modernity. They have collaborated with the design studio-manufacturer Santa & Cole, and at present work separately; Alicia Núñez on her own designed the Hans Bar and Café de Colombia restaurants in 1989.

Gabriel Ordeig Ver Santa & Cole.
See Santa & Cole.

Jorge Pensi Pl. Ramon Berenguer el Gran, 1. Tel. 310 32 79.

Este argentino residente en Barcelona desde 1978 y miembro del grupo Berenguer hasta 1984 es en estos momentos una de las figuras más importantes dentro del panorama del diseño industrial nacional. Está especializado en mobiliario, iluminación, imagen de producto y montajes; es responsable de la imagen de la empresa Perobell y en 1984 realizó el montaje del SIDI para «ON Diseño». El taburete «Man-

hattan», la silla «Toledo» (Delta de Plata 1988), y las lámparas en aluminio fundido «Olympia» y «Regina» (Delta de Plata 1988) son exponentes de su gusto por el diseño de objetos de uso cotidiano trabajados como una escultura.

An Argentinian, resident in Barcelona since 1978, and a member of the Berenguer group up till 1984, Pensi is currently one of the most important figures on the industrial design scene in Spain. He specializes in furniture, lighting, product image and putting together exhibitions; he is in charge of image for the Perobell company, and in 1984 set up the SIDI exhibition for the «ON Diseño» magazine. The «Manhattan» stool, the «Toledo» chair (Delta de Plata 1988) and the «Olympia» and «Regina» lamps in cast aluminium (Delta de Plata 1988) are examples of his willingness to treat the design of objects for everyday use as if they were sculpture.

Helio Piñón y Albert Viaplana Aribau, 318, ático 1.ª Tel. 200 61 75.

La polémica surgida en torno a la plaza minimalista dels Països Catalans, excesivamente «dura» para la opinión pública, hizo célebres a estos dos arquitectos y catedráticos de la ETSAB. El proyecto se llevó sin embargo el premio Ciutat de Barcelona en 1983 y el FAD de Arquitectura en el 84. Su línea de trabajo incluye siempre el diseño integral de todas sus intervenciones urbanísticas. En 1988 ganaron el concurso para la ordenación de la Zuidplein de Rotterdam. Entre sus últimas obras están la remodelación del Centre d'Art Santa Mónica, el Barcelona Hilton y un edificio en la Villa Olímpica.

The heated debate raised by the design of the minimalist Plaça dels Països Catalans, excesively «hard» in the view of the general public, made celebrities of these two architects and ETSAB professors. The project nonetheless won the Ciutat de Barcelona award in 1983 and the FAD architecture prize in 1984. Their style of working always involves the integral design of every aspect of their interventions in the urban setting. In 1988 they won the competition for the laying out of the Zuidplein in Rotterdam. Among their more recent work are the remodelling of the Centre d'Art Santa Mónica, the Barcelona Hilton and one of the buildings in the Villa Olímpica.

Quod Carles Mercader, 9 (Sant Just Desvern). Tel. 371 10 80.

Estudio de diseño gráfico, interiorismo, arquitectura y marketing integrado por un equipo multidisciplinar y concebido como una empresa de servicios. Fundado en 1983 por J. M.ª Trías Folch, diseñador gráfico autor del logotipo de Barcelona 92, Esteve Agulló y Marià Pi, los cuales se ocupan de las áreas de interiorismo y diseño de productos, y Jordi Montaña, encargado del área de marketing.
Quod diseña desde un juguete hasta el interior de un automóvil; es el artífice del proyecto de normalización tridimensional de la mascota olímpica Cobi, de Javier Mariscal.
This graphic design, interior design, architecture and marketing studio is staffed by a multidisciplinary team and run as a service company. The firm was set up in 1983 by J. M.ª Trias Folch, the graphic designer responsible for the Barcelona '92 logo, Esteve Agulló and Marià Pi, who cover interior design and product design, and Jordi Montaña, managing marketing. Quod designs everything from toys to interiors to motor cars; they are also in charge of the project for producing the three-dimensional versions of Cobi, Javier Mariscal's Olympic mascot.

Carlos Riart Galileo, 51. Tel. 339 29 00.

Mueblista, interiorista y escenógrafo de películas, es uno de los diseñadores más importantes de la tendencia post-

moderna. Ha amueblado el bar Snooker Club, la galería Ciento, algunas estancias del Palau de la Virreina y multitud de pisos, uno de ellos ubicado en la Pedrera. Entre sus diseños destaca el mobiliario hecho en el centenario taller de artesanos Muebles Casas, la butaca «Vallvidrera», Delta de Plata en 1986, y la «Carlos Riart Chair», encargada con motivo del aniversario del sillón «Barcelona» de Mies van der Rohe, Medalla de Plata de IBD de Nueva York y Mención del Consejo de Recursos de EEUU.

Riart's furniture, interiors and film sets have made him one of the most important designers working in the post-modernist line. He fitted out the Snooker Club bar, the Ciento art gallery, various rooms of the Palau de la Virreina, and a considerable number of private apartments, one of them in La Pedrera. Of particular note amongst his furniture designs are the pieces for the Muebles Casas centenary craft workshop, the «Vallvidrera» armchair (Delta de Plata 1986) and the «Carlos Riart Chair», commissioned to mark the 50th anniversary of Mies van der Rohe's «Barcelona» chair, which received the Silver Medal of the IBD in New York and a special mention from the United States' Resources Council.

André Ricard Bosch i Gimpera, 14. Tel. 205 01 87.

Como Miguel Milá, André Ricard pertenece a la generación de diseñadores que prácticamente introdujo el concepto de diseño en España, concepto que como teórico y escritor se ha ocupado de propagar. La firma de perfumería Puig fue una de las pocas empresas que apostaron entonces por el diseño, encargándole múltiples envases, como el de «Quorum», premio «Fragance Foundation» de 1982 al mejor envase de perfumería. Ha realizado objetos de uso cotidiano para Moulinex, Gaggia y Bidasoa, entre otras; es fundador de ADI/FAD y de ADP y en 1987 recibió el Premio Nacional de Diseño, otorgado ese año por vez primera. El cenicero «Copenhagen», Premio Delta 25 Aniversario, es un clarísimo exponente de su filosofía del diseño.

Like Miguel Milá, André Ricard belongs to the generation of designers who virtually introduced the idea of design into Spain, an idea which he has endeavoured to propagate through his work as theoretician and writer. The Puig perfume company was one of the few firms ready at that time to invest in design, commissioning a good deal of their packaging from him, such as the bottle for Quorum, winner of the

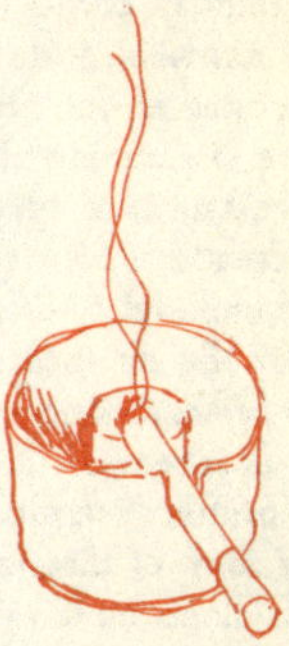

Fragance Foundation's award for the best perfume bottle in 1982. He has designed objects for everyday use for Moulinex, Gaggia and Bidasoa, among others; he is a founder of ADI FAD and of ADP, and received the Premio Nacional de Diseño 1987, the first year in which the prize was awarded. The «Copenhagen» ashtray, 25th Anniversary Delta Prize-winner, is a perfect example of his design philosophy.

Estrella Salietti y M.ª José Anklí (Estudio DSAN) Deu i Mata, 139. Tel. 321 39 56.

Interioristas y decoradoras fuera del circuito *design* de Barcelona. Son las diseñadoras de la jet, con proyectos como los restaurantes La Vaquería, al que se accede atravesando su estudio, y El Merendero de la Mari, así como el recientemente inaugurado restaurante-boite-piano bar Oliver Hardy, situado en el edificio vecino del Barcelona Hilton.

These two interior designers and decoraters are somewhat outwith the Barcelona design circuit. The preferred designers of the jet-set, with restaurant projects such as La Vaquería, which you get to by passing through their studio, and the Merendero de la Mari, as well as the recently opened restaurant-cum-night club

Oliver Hardy in the nearby Barcelona Hilton.

Eduard Samsó Gran Via Carles III, 87, 7.° 1ª. Tel. 339 98 93.

Arquitecto, profesor de EINA y presidente del IN/FAD de 1984 a 1987, Eduard Samsó ha proyectado muchos de los espacios de moda en Barcelona. Es autor de tiendas como Jean Pierre Bua y Teresa Ramallal, y de locales de uso público como el bar Nick Havanna, Premio de la Opinión del FAD en 1986, y del restaurante Network, realizado en colaboración con Alfred Arribas y ganador del FAD de Interiorismo en 1987. En su faceta de mueblista ha sido seleccionado en dos ocasiones para el premio Delta y ha obtenido el primer Premio Selección SIDI en 1987 por el diseño de la alfombra «A las cinco de la tarde».
Architect, tutor at the EINA and president of IN FAD from 1984 to 1987, Eduard Samsó has designed many of the most fashionable spaces in Barcelona. His work includes shops such as those for Jean Pierre Bua and Teresa Ramallal, and public spaces such as the Nick Havanna bar, FAD Premio de la Opinión in 1986, and the Network restaurant, designed together with Alfred Arribas and winner of the FAD interior design award in 1987. In his capacity as furniture designer he has twice been selected to receive the Delta prize, and won the first Premio Selección SIDI in 1987 for his carpet design «A las cinco de la tarde».

Pete Sans Nou, 1. 17465 Camallera (Girona). Tel. (972) 79 04 95.

Empezó su trayectoria como diseñador gráfico y en 1980 se decantó finalmente por el industrial. Vive y crea muebles, lámparas y objetos varios en su masía del Ampurdán, rehabilitada por él mismo. Entre sus diseños más famosos se encuentran el carrito «Barna», la lámpara «Lapa», el sillón «Empuries» y la serie «Unit» de accesorios. En 1988 obtuvo el Delta de Oro por la silla de mimbre «Coqueta».
Sans began his career as a graphic designer before opting once and for all for industrial design in 1980. He lives and creates furniture, lamps and a variety of other objects in an old farmhouse, which he himself refurbished, in the Ampurdá. Amongst his most famous designs are the «Barra» drinks trolley, the «Lapa» lamp, the «Empuries» chair and the «Unit» range of accessories. He won the Delta de Oro in 1988 for the «Coqueta» wicker chair.

Santa & Cole Santíssima Trinitat del Mont, 10. Tel. 418 33 96.

El que fuera el pabellón austríaco de la Exposición Internacional de 1929 en Barcelona, una curiosa nave de paredes de cemento y techumbre de ma-

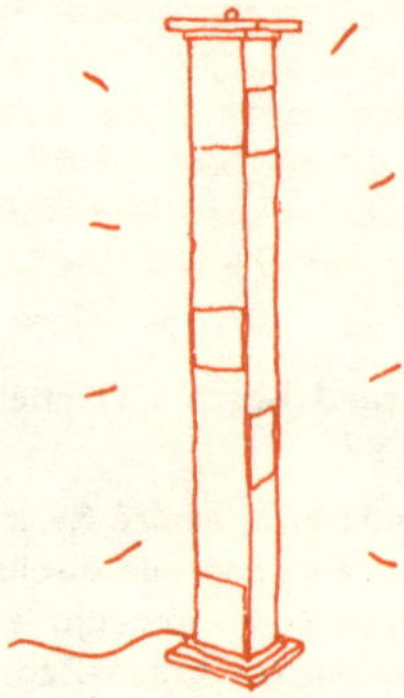

dera y uralita, alberga ahora Santa & Cole, a la vez *show-room*, productora y taller de diseño. Los artífices son Javier Nieto Santa y Gabriel Ordeig Cole, interiorista y diseñador de formación británica, con obras como el Café del Sol, el Salón Cibeles y los bares Si Si Si y Bijou. De manera artesanal y en series limitadas se producen aquí muebles, objetos y lámparas firmados usualmente por G. Ordeig, Pete Sans, Carlos Riart, Santi Roqueta, Miralbell/ Raventós y Jean Michel Cornu. Entre sus piezas de más éxito, los muebles «Sistema elemental», de Pete Sans, la mesita «Tangram», del equipo S. & C., y las lámparas «Colilla», de C. Riart, y la «La Bella Durmiente» de G. Ordeig,

con pantallas serigrafiadas por Perico Pastor, Peret, Carlos Pazos, Vicenç Viaplana y Francesca Llopis.
What was originally the Austrian pavilion for the 1929 International Exposition in Barcelona, a curious, hangar-like building with concrete walls and a wood and uralite roof, is now home to Santa & Cole, serving as show room, workshop and design studio in one. The artists here are Javier Nieto Santa and Gabriel Ordeig Cole, a British-trained interiorist and designer, whose work includes the Café del Sol, the Salón Cibeles and the Si Si Si and Bijou bars. Here they produce limited editions of hand-crafted furniture, objects and lamps, usually bearing the signature of G. Ordeig, Pete Sans, Carlos Riart, Santi Roqueta, Miralbell/ Raventós or Jean Michel Cornu. Among their most successful pieces are the «Sistema elemental» furniture by Pete Sans, the «Tangram» table by the S & C team, Riart's «Colilla» lamp, and the lamp by Ordeig, «La Bella Durmiente» (Sleeping Beauty), with screen printed shades by Perico Pastor, Peret, Carlos Pazos, Vicenç Viaplana and Francesc Llopis.

Manuel de Solà-Morales Santa Magdalena Sofía, 4. Tel. 203 47 98.

Arquitecto y urbanista, autor de la controvertida remodelación del Passeig Colón y del Moll de la Fusta, de estilo ecléctico, donde se mezclan elementos tradicionales y tecnológicos.
Architect and urban designer, Solà-Morales work includes the controversial remodelling of the Passeig Colón and the Moll de la Fusta: eclectic in style, in which traditional elements are combined with advanced technology.

Gabriel Teixidó Francolí, 20, 1.° 2.ª Tel. 217 17 36.

Diseñador industrial funcionalista, especializado en mobiliario de oficina, como las mesas de ordenador «Basic» para el Grupo T, en sofás, como el «Arco», y en lámparas, como la «Aladina». Es interiorista de la firma Arruti y realiza diseños para Axa Internacional, entre muchos otros, el sillón «Serie Lavoro».
An industrial designer with a functionalist approach, specializing in office furniture such as the «Basic» computer tables for Grupo T; in sofas such as the «Arco»; and lamps such as the «Aladina». He works as an interior designer for the Arruti firm, and the «Serie Lavoro» chair is amongst his work for Axa Internacional.

Elías Torres y J.A. Martínez Lapeña Roca i Batlle, 4, 1.° Tel. 212 14 16.

Arquitectos de tendencia deconstructivista, autores de numerosos edificios y espacios de uso público. En 1986 ganaron el premio FAD de Arquitectura por el proyecto del Jardín Vil.la Cecília, uno de los parques con más encanto de la ciudad. Entre sus últimas obras están el Hospital de Mòra d'Ebre y la remodelación de la sede de Barcelona Activa, S.A. en el Poblenou, ambas seleccionadas para los FAD de Arquitectura de 1988. Varias de sus intervenciones se encuentran en la isla de Ibiza; actualmente trabajan en el proyecto del Palacio de Congresos de la Villa Olímpica.
These architects with a decontructivist tendency have designed a good number of buildings and spaces for public use. They won the FAD prize for architecture in 1986 with their project for the Vil.la Cecília gardens, one of the most charming parks in the city. Amongst their more recent work are the Mòra d'Ebre hospital and the remodelling of the headquarters of Barcelona Activa, S.A. in Poble Nou, both selected for the FAD architecture awards in 1988. A number of examples of their work are to be found on Ibiza; they are currently working on the project for the Olympic Village Conference Centre.

Jaume Tresserra Freixa, 42. Tel. 200 49 22.

Desde su propia empresa J. Tresserra Design produce sus muebles y lámparas de elaboración artesanal, materiales nobles y acabados impecables; belleza y calidad están siempre por encima de funcionalismo. La revista «Casa Viva» le concedió en 1986 el Primer Premio al mejor diseño de la Feria de Mogar y en 1987 recibió la Mención de Honor al mejor diseño y calidad en Mueble Moderno en la Feria Internacional del Mueble de Valencia.

El mueble-bar «Elíptic», trabajado como una escultura, y el secreter «Carpett», un mueble-carpeta como una hoja de papel doblada, son característicos de su producción artística.

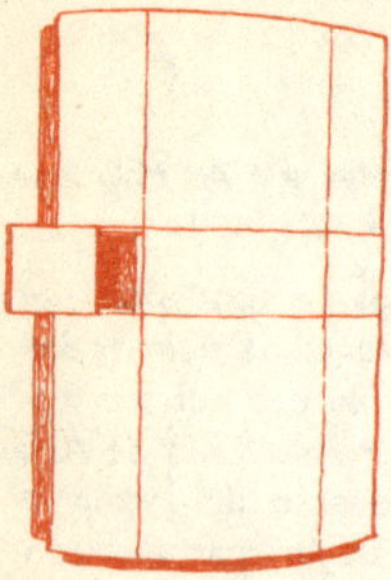

With a manufacturing company of his own, J. Tresserra Design produces handmade furniture and lamps, crafted from fine materials, with faultless finishes; beauty and quality are always set above functionalism. The magazine «Casa Viva» awarded him First Prize in 1986 for the best design at the Feria de Mogar trade fair, and in 1987 he received the Mention of Honour for the best design and quality in the Modern Furniture section at the Feria Internacional del Mueble in Valencia. The «Elíptic» bar unit, worked as a sculpture, and the «Carpett» writting desk, a combination of furniture and folio like a folded sheet of paper, are characteristic examples of his artistic output.

Oscar Tusquets Casp, 151, pral. 2.ª Tel. 245 64 02.

Quizá el más activo de los arquitectos y diseñadores barceloneses, con gran proyección internacional. Cofundador de B.D. Ediciones de Diseño y del Studio Per, junto a Bonet, Cirici y Clotet; al lado de éste último realizó muchos de los más significativos diseños y proyectos de los años 70, merecedores de varios premios FAD y Delta de Oro. Premio de la Crítica en 1984 por la silla «Varius», Premio Nacional de Diseño en 1989 y premio FAD de 1989 por la restauración y remodelación del Palau de la Música Catalana. En la actualidad trabaja junto a Carlos Díaz. Una gran exposición de su obra en el Parque de la Villette (París), viviendas en Montpellier y en Fukuoka (Japón) y el hotel de la calle Pelai, son sólo una pequeña muestra de sus actuales proyectos y prueba de su actividad arrolladora. Entre sus últimos diseños: la serie «Gaulino», las sillas «Abanica» y «Peineta» para Aleph y el sofá-alfombra «Ali-Babá» para Casas.

Perhaps the most prolific of Barcelona's architects and designers, Tusquets enjoys considerable international standing. A co-founder of both B.D. Ediciones de Diseño and Studio PER along with Bonet, Cirici and Clotet, he worked together with Clotet on many of the most significant designs of the 70s, winning a number of FAD and Delta de Oro awards. He received the Critic's Prize in 1984 for the «Varius» chair, the Premio Nacional de Diseño and FAD prize in 1989 for the restoration and remodelling of the Palau de la Música Catalana. He is currently working with Carlos Díaz. A major exhibition of his work in the La Villette complex in Paris, housing in Montpellier and in Fukuoka, Japan, and the new hotel in Barcelona's carrer Pelai, represent only a sample of his ongoing projects, indicating something of the sweep of his activities. Amongst his most recent designs are the «Gaulino» series, the «Abanica» and «Peineta» chairs for Aleph and the «Ali-Babá» carpet-sofa for Casas.

J. A. Val y Xavier Vendrell València, 234, 2.º 2.ª Tel. 323 62 24.

Jóvenes arquitectos e interioristas autores de los restaurantes El Refugi y Pekín, premio FAD de la Opinión en 1987.
These young architects and interior designers are the creators of the El Refugi and Pekín restaurants, the latter winning the FAD Opinión prize in 1987.

CONSEJOS
SUGGESTIONS

(SUGERENCIAS DE LOS ARQUITECTOS Y DISEÑADORES)
(WHAT SOME OF BARCELONA'S ARCHITECTS AND DESIGNERS THINK WORTH SEEING)

Oscar Tusquets: El Parc Güell

Eduard Samsó: La Plaza de Toros Las Arenas
Las Arenas bullring

Jorge Pensi-Alberto Liévore: La Pedrera

Helio Piñón-Albert Viaplana: El Parc Güell, la Rambla y los restaurantes de La Barceloneta.
Parc Güell, Rambla and the restaurants of the Barceloneta.

Isern-Bernal: El *Rey de la Magia* en la calle Princesa y el funicular de Vallvidrera por su estética y engranajes
The *Rey de la Magia* in Princesa street, and the Vallvidrera funicular, for its aesthetics and its gearing.

Pep Bonet: La derecha del Eixample a las seis de la tarde.
The right-hand side of the Eixample at six o'clock in the evening.

Lluís Clotet: El interior de Santa Maria del Mar y una tarde de verano en Barcelona.
The interior of Santa Maria del Mar, and a summer evening in Barcelona.

Ricardo Bofill: Todo lo que ha hecho Gaudí en Barcelona.
All of Gaudí's work in Barcelona.

Dani Freixes: El Parc Güell, las fuentes de Montjuïc cuando funcionan e indudablemente los puntos más altos de la ciudad, el Tibidabo y Montjuïc.
Park Güell, the fountains on Montjuïc (when they're on), and without doubt the high points of the city: Tibidabo and Montjuïc.

André Ricard: El Palau de la Música y escuchar un concierto del Orfeó de Sants.
The Palau de la Música, and a concert by the Orfeó de Sants choir.

Alicia Núñez: La Estación de Francia.
Francia railway station.

Javier Mariscal: Las Torres de Ávila y el funicular del Tibidabo.
The Torres de Ávila and the funicular on Tibidabo.

ÍNDICE DE VOCES
INDEX OF ENTRIES